吟诵传古韵 诗词育新人

谢汉明 ◎ 著

中小学古典诗词吟诵教学知行思考

中国文联出版社

图书在版编目（CIP）数据

吟诵传古韵　诗词育新人：中小学古典诗词吟诵教学知行思考／谢汉明著. — 北京：中国文联出版社，2021.10

ISBN 978-7-5190-4680-4

Ⅰ.①吟… Ⅱ.①谢… Ⅲ.①古典诗歌—中国—教学研究—中小学 Ⅳ.①G633.302

中国版本图书馆CIP数据核字（2021）第204975号

著　　者　谢汉明
责任编辑　刘　旭
责任校对　胡世勋
装帧设计　刘贝贝　李　娜

出版发行　中国文联出版社有限公司
社　　址　北京市朝阳区农展馆南里10号　　　邮编　100125
电　　话　010-85923025（发行部）　　010-85923091（总编室）
经　　销　全国新华书店等
印　　刷　北京米乐印刷有限公司
开　　本　710毫米×1000毫米　　　1/16
印　　张　12
字　　数　216千字
版　　次　2021年10月第1版第1次印刷
定　　价　45.00元

目录

第一章　诗词溯本源　文化立自信
——民族文化自信下的古诗词教学

第二章　童真发稚音　吟唱寻诗趣
——小学古典诗词吟诵教学的知与行

第三章　青春须纵歌　生命探律动
——初中古典诗词吟诵教学的知与行

第四章　书香满庭院　文化蕴家风
——家庭诗词吟诵环境与氛围的创造

第五章　莫愁无知己　一曲畅胸怀
——促进诗词吟诵教学的社会传播与发展

第六章　古树开新花　岁岁催嫩芽
——古诗词吟诵教学与现代教育技术的结合

第一章

诗词溯本源
文化立自信

——民族文化自信下的古诗词教学

　　中国的诗词文化源远流长，先秦时代的诗经，秦汉时期的乐府诗，汉赋，唐诗宋词是中国诗词文化的巅峰，也是人类诗词文化的巅峰之一。中国诗词传承文化几千年，蕴含了中国古典文化最精华的内容，即便是现代人，也沉浸在诗词文化的养分中。当代中国文化复兴之路，需从诗词文化中去追溯文化根源，并以此建立文化自信，如此中华文化盛世可期。

第一节　古诗词是中国文化的本源与根基

巍巍中华，一个伟大的诗词国度。五千年的灿烂文化如浩瀚的星空，而古典诗词是这星空里最璀璨夺目的那颗，积淀着中华文化的灵性与精华。古诗词是中国传统文化的瑰宝，是古代文学的积淀。不管你是科学家、文人，抑或是农工商贸之流，甚至日理万机的政客，奔波谋生之余，觥筹交错之际，云淡风轻之野，月明星稀之夜，触景生情，心摇魄动，均可以吟出一两句应景的唐诗宋词来。诗词文化以其特有的舞姿翩然于中国人的瞳仁里。时光荏苒，千帆过尽的沧桑并没有刻画出她迟暮的容颜。相反地，在泛着黄褐的底色上，这帧抹不去的风景更显得流韵四溢，风采依然。古典诗词是传统文化的精品，是中华民族精神文化的凝结体。所以曾经有人把中国传统文化直接叫作诗词文化。古典文明的精华大部分都包容、凝结在古典诗词作品里。

一、古诗词展示了传统文化之审美

中国文人对于世间万物美的体验皆包含在了唐诗宋词之中，它们是中国人对于美的追求的传承。诗歌中的色彩之美极大地吸引着我们的眼球，激发起我们的联想，带给我们一个色彩鲜明的美丽世界。诗歌虽然不能像绘画那样直观地再现色彩，却可以通过语言的描写，唤起读者相应的联想和情绪体验。色彩的组合给唐宋诗词带来了浓郁的画意和鲜明的节奏。"两个黄鹂鸣翠柳，一行白鹭上青天"，黄、翠、白、青四种颜色，点缀得错落有致，而且由点到线，向着无垠的空间延伸，画面静中有动，富有鲜明的立体节奏感。在这里，明丽的色彩组合，正绘出了诗人舒展开阔的心境。这些色彩组合给我们带来了可以想象的美感，也是诗人词者智慧的体现。大自然之中的一景一物皆着不可替代

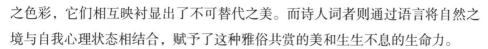

之色彩，它们相互映衬显出了不可替代之美。而诗人词者则通过语言将自然之境与自我心理状态相结合，赋予了这种雅俗共赏的美和生生不息的生命力。

诗词的艺术美还不仅停留在色彩的描绘上，还在时空关系上表现了一种超越现实的美。唐诗宋词，是中国古代诗歌史的巅峰，这些光耀千古的诗篇之所以立于中国文学之巅，很大程度上在于它反映的思想境界，许多诗作正是因为蕴含着人生哲理而成为不朽之作。在一代文豪苏轼的笔下，人生在诗词中得到了更为广泛的体现，如他那格调雄浑的《念奴娇·赤壁怀古》，开篇三句："大江东去，浪淘尽，千古风流人物"，最是全文之壮语。在这三句词中，作者阐发了这样一个哲理：功名利禄，一代风流，最终都要随那东流的江水逝去。在古代中国人心中，特别是封建子弟，及封建士大夫文人心中都有这样一个英雄梦，他们热衷功名、追求高官，而这三句诗就打碎了这个英雄梦，无论你如何贤达，如何尊贵，最终都将成为历史的过客。这三句词，正是有这样跨越空间时间的历史意义，而名垂千古。

唐诗宋词是中国文学史上的明珠。唐代被称为诗的时代，而宋代则被称为词的时代。我们很多学生有的从小就开始接触唐诗宋词，在没正式成为学生时，家长可能都已经教会我们背诵一些简单而经典的唐诗宋词。比如：李白的《静夜思》、王之涣的《登鹳雀楼》、白居易的《春晓》等。当时的我们也许还不知道什么是唐诗，什么是宋词，也不理解诗词中饱含的深意，但我们还是很喜欢读背那些诗词，那朗朗上口的语言，深深地打动了我们的心，也增长了我们的知识。当我们进入了学校，接受了正规的教育，我们在语文课上更深入地接触了唐诗宋词。通过老师的讲解与分析，我们了解到更多有关唐诗宋词的知识，也明白了诗词中的意义和作者饱含的情感，如：晏殊的"昨夜西风凋碧树，独上高楼，望尽天涯路"，东坡的"纵使相逢应不识，尘满面，鬓如霜"，秦观的"天涯旧恨，独自凄凉人不问"，豪迈如李白，也有"举杯邀明月，书写性灵，讴歌人类对自由、自然、平等、仁爱的渴望，是文学艺术，也是唐诗宋词经久不衰的主题"。

翻开唐诗宋词看看，尤其是词，大概三分之二是抒写性灵的。而且也只有这些描写对人性的向往，抒发对自由的渴望的才是传颂千古的名篇，李白的"安能摧眉折腰事权贵，使我不得开心颜！"李煜的一句"问君能有几多愁，恰似一江春水向东流！"打动过千古多少凡夫俗子、仁人志士的心啊！唐诗是中国人的哲学，无论长短大小，悲喜情仇，都不能失去分寸方圆。中国人讲究心有城府，一首诗看来几十个字平淡无奇，意味却一延千里，像中国的象棋，尺寸之间的棋盘，承载着金戈铁马，平淡间，是杀气腾腾，气象万千。宋词最初触动我们的，正是以它的柔软和伤感，它淡淡的情怀。宋词似乎更容易上口，更随意。它是中国的散文诗，是繁华之后的繁华，梦境之上的梦境。王国维在他的著作《人间词话》中提出，古今成大事业，大学问所必须经过的三种境界，他分别用晏殊《蝶恋花》中的"昨夜西风凋碧树，独上高楼，望尽天涯路"，柳永《蝶恋花》中的"衣带渐宽终不悔，为伊消得人憔悴"，辛弃疾《青玉案》中"众里寻他千百度，蓦然回首，那人却在，灯火阑珊处"来概括。虽然原词并没有这层意思，但是由于三句词意象虚涵，便于借题发挥，从而被赋予了新的含义，蕴含了新的人生哲理，这也说明了唐宋诗词蕴含着一种博大精深的文化，其中的人生哲理，无论是原本就有的，还是由后人引申的，都具有深刻的意义，这也就是唐宋诗词之美的集中体现吧。唐诗宋词完美地把诗词创作与艺术美学结合了起来，给我们带来了美的享受，也洗涤着我们的性灵。想象那月照唐朝雨落宋朝，该是怎样的意境啊！

　　诗词使那些古代大师们不朽的艺术和精神，千百年来得以源远流长。诗词把我们带进了美学世界。走进唐诗宋词，就是走进一个神奇迷人的美丽王国。那是一个人类精神之花全面盛开的季节。我们的大师从一张薄薄的书页上站起来，沿着字里行间向我们走来，一袭古装，长发飘飘，风姿万千：古朴雄浑的子昂，清朗雄健的王之涣，娴静淡远的孟浩然，飘逸豪放的李白，沉郁顿抑的杜甫，清扬畅丽的白居易，奇诡璀璨的李贺，精巧艳丽的温庭筠，凄婉优柔的李煜，娴雅清婉的晏殊，豪放旷达的苏轼，雄放流畅的陆游。唐诗宋词是我国传统文化中最具有自由民主色彩的部分，也是最为精华的部分。这就是唐诗宋词的魅力所在，这就是我们为什么喜欢唐诗宋词的主要原因。学习唐诗宋词能对古代历史文化有更多的了解，通过对诗词的解读还能对人生有所感悟，为我们打造良好的文化基础，奠定良好的人生观和价值观的基础。学习唐诗宋词不仅能积累丰富的语言素材，同时也能提高人的道德素养和审美素质。琴棋书画树立君子风范，德艺才情打造现代气质。学习唐诗宋词还有利于学生进一步学会做人、学会做事、学会学习、学会生存、学会劳动、学会审美。我很庆幸生在中国，继承了这样的文化。唐诗宋词的美丽，足以让我们驻足观赏，至少值得每一个国人由衷地尊重。渗透着人文精神的唐诗宋词，已经影响了一代又一代的中国人。

二、古诗词沉淀了传统文化之精华

随着市场经济的竞争不断升级，资本扩张对自然生态的破坏愈来愈激烈，而过分的竞争也使人们的精神和心灵受到挤压，人们就会更加怀念人与自然的和谐，怀念唐诗宋词中人的心境和自然相通的一幅幅和谐的画面。这个时候，我们需要吟吟唐诗，读读宋词，在月色花影中超脱现实，进入那个理想的古朴纯美的世界，给自己的灵魂找一个临时的寓所，使自己的心灵得到了净化和升华，在物质和精神的两极间保持宁静和平衡。诗词与美，让我们用眼睛去看，用头脑去想象，用心灵去感受，用人生去体验这永远灿烂的美，我们的文化母体，炎黄子孙的根。

古诗词，民族文化的精华，哺育了一代代中华儿女。诵读古诗词，传承民族文化的有效途径。让古诗词从我们口中琅琅诵起，让传统文化在子孙后代生命中传承。古诗词是中华传统文化的精髓，也是世界文化艺术宝库中的一颗灿烂的明珠。古诗词是中文独有的一种文体，有特殊的格式及韵律。诗按音律分，可分为古体诗和近体诗两类。古体诗和近体诗是唐代形成的概念，按内容可分为叙事诗、抒情诗、送别诗、边塞诗、山水田园诗、怀古诗（咏史诗）、咏物诗等。"滚滚长江东逝水，浪花淘尽英雄"。历史的长河奔腾不息，我们的祖先以其无穷的智慧，创造了五千年中华文明史，留下了极其丰富而宝贵的物质财富和精神财富，犹如历史长河的滔滔洪水裹挟的金沙，沉淀，聚集，今天，我们把它称作文化。它世代相传，绵延不绝，成为中华传统文化。千姿百态，风光无限。它包括在思想、学术、哲学、教育、典章、道德、文字、文学、艺术、地理、医药、科技、建筑以及衣食住行、民间习俗等各个方面，都有着丰富的内容和鲜明的特色，无不显示着中国传统文化的悠久和宏博，堪称一座包罗万象的宝库。

自然，从几千年封建社会的历史中走出来的民族传统文化存在其糟粕，但更有精华。因其有精华，故能沿着历史不断向前发展和进步；因其糟粕，唤起一代又一代革新者不断梳理，清除垃圾，这就要求我们去大胆地扬弃，批判地接受。全盘否定民族文化无疑是在倒掉洗澡水的同时连同澡盆里的婴儿一同倒掉。我们所要继承的，正是传统文化中的优秀成果和优秀品质。如古籍中所阐发的自强不息、刚健奋进、威武不屈、好学不倦的精神，"先天下之忧而忧，后天下之乐而乐"的爱国主义思想等，这些，都是中华民族的优秀传统，也是生生不息的中华文化的精髓。民族传统文化，中国特色社会主义文化的根基民族传统文化不仅在历史上发挥了重要的作用，是中华民族得以形成、繁衍、发展的精神动力和内在灵魂，而且是现代中国文化之源，是实现文化再度复兴、繁荣的根基。如果没有民族传统文化之根，就不可能有现代文化苗壮成长之苗，更不可能培育中国特色社会主义文化。始终代表中国先进文化的前进方向的中国共产党，充分认识到了这一点。得今天，开创明天。1988年初，75位诺贝尔奖金获得者在巴黎宣称：如果人类要在21世纪继续生存下去，避免世界性的混乱，必须回首两千五百年去吸取孔子的道德智慧。中华民族数千年积淀起来的优秀传统文化，应该成为一条绣满基因密码的金丝带，以其无边的法力在中华民族一代又一代中传承。然而毋庸讳言，令人遗憾的是这条丝带中的基因密码在新生代的身上丢失了。现在的孩子，开口流行歌，闭口广告词，甚至传诵一些"灰色儿歌"。一位女博士在反观自己的成才之路时体会到一种切肤之痛：读了近二十年书，然而心中常有很空很虚的感觉，她认为缺乏中国古典文化的积淀，使自己"心量不宽，涵养不深"，在文凭被拿掉之后自身的东西几乎所剩无几。著名语文教育家于漪说："优秀的诗词像种子一样，有顽强的生命力。它们破土而出后，和芳香的空气融合，长久地弥漫大地。今天，我们学习古诗词，诵读古诗词，咀嚼、体会、感悟，心驰神往，仍然能徜徉在美妙的意境之中，嗅到它们散发出来的芳香。"古诗词对于学生精神的提升、人格的塑造、情感的陶冶、文化素养的形成、语文能力的培养等诸多方面，起着无可估量的潜移默化的作用，使学生在一生中受用不尽。我们从《论语》中懂得了"敏而好学，不耻下问""三人行，必有我师"的谦逊好学之理；读《孟子》，懂得了"舍生取义"之理，懂得了"天将降大任于斯人也，必先苦其心志，劳其筋骨，饿其体肤，空乏其身，行拂乱其所为，所以动心忍性，曾益其所不能"的磨难面前意志坚毅之理；读诸葛亮的《诫子书》，懂得了"静以修身，俭以养德"的节俭之理；读文天祥的《过零丁洋》，从"人生自古谁无死？留取丹心照汗青"中认识到了正确的人生观、价值观，懂得了做人之理和报效国家之理；读杜甫的《望岳》，从"会当凌绝顶，一览众山小"中，体会到一种开阔的胸襟和立志奋勇攀登高峰的精神；读白居易的《赋得古原草送别》，从"离离原上草，一岁一枯荣。野火烧不尽，春风吹又生"中体会到一种顽强拼搏、百折不回的意志……古诗词中所蕴含的思想精华，拥有着无法估量的教育潜能，因为这其中熔铸着一个古老民族的精魂。我们教学生诵读古诗词，是用精湛的母语哺育我们的后代，也是在他们心田撒播做人的良种。让学生从诗文中受到启迪，以致刻骨铭心，终生难忘。

三、古诗词传承了传统文化之情感

文化传承并不是盲目地复古，也不是盲目地在本民族的文化圈里自我满足，而是要在新时代、新文化的背景下，充分发挥传统文化的时代意义，赋予传统文化新的时代活力。文化传承是一个长期而艰巨的工程，不是一朝一夕就能完成的，而且文化传承不仅是整个民族的行为，也是生活在民族里的个体的行为。就整个民族而言，文化传承是群体共同完成的任务，是一个民族生存和发展需要完成的重要使命，传承文化时需要有整体意识、民族意识，从民族的发展来审视文化的现代意义。就个体而言，文化是人的力量的外化，个体作为民族的一分子，生活在民族的大环境、大背景下，需要针对文化的价值和文化对个体发展的意义，认可并吸收优秀文化，用优秀文化提升自己的精神境界。传统文化的传承应该要以文化自觉为关键，也就是说，传承主体要对文化有认知、感知、识别和判断。首先是人在社会生活中，能够以主动的心态去认识和了解文化，并能够对优秀的文化有所认可；其次是人能够被文化所传递出来的信息感染，能够从内心去感受文化的内涵，体会文化所蕴含的观念和情感；再次是对于不同时代、不同民族和地域的文化进行区分，认识不同文化的民族性和独特性，能够去体会文化的多元性，理解、尊重、承认和包容不同的文化；最后是在认知、感知和识别的基础上，立足时代和未来发展的需要，立足自己的立场和需要，能够客观地对文化进行一个判断，根据时代和自身的需要去评判文化的美与丑、优与劣。

古诗词爱国之情的传承。"中华民族在长期的生存和发展中，逐步凝结成对祖国深厚的爱国主义情感，形成精忠爱国的浩然正气和民族气节。"爱国主义作为中华民族的优良传统，在悠久的历史文化中产生、发展和传承下来，它是一定社会历史时期人们的内心体现，同时，它作为一种精神文化，对于增强中华民族的凝聚力具有强大的作用。爱国主义的诗篇，一方面与国家命运有关，如王昌龄的《出塞》，王翰的《凉州词》，李清照的《夏日绝句》，陆游的《示儿》和林升的《题临安邸》，诗词中表现出极为强烈的慷慨悲壮的爱国主义基调，彰显出感人至深的爱国精神。另一方面是与祖国秀美山河联系在一起，如王之涣的《登鹳雀楼》，李白的《望庐山瀑布》《望天门山》和《夜宿山寺》，北朝民歌《敕勒歌》，苏轼的《饮湖上初晴后雨》，刘禹锡的《望洞庭》，陆游的《秋夜将晓出篱门迎凉有感》。这类抒发对祖国热爱的不同类型诗篇，有助于培养学生的民族凝聚力和向心力，是提高学生对国家认同和热爱的优秀资源。

古诗词亲情乡情的传承。亲情意识自古以来都是我国传统美德中的重要一种，学生只有先学会爱"小家"，在家做到尊老爱幼，感恩孝敬父母，才能够去热爱社会、热爱祖国。亲情往往与乡情联系在一起，文人墨客抒写了大量思乡题材的诗词，对于现代国民的思乡情怀影响深远，具有代表性的有：李白望月思乡写下的《静夜思》；王维在重阳佳节写下的《九月九日忆山东兄弟》；叶绍翁客居异乡所作的《夜书所见》。亲情和乡情又与边塞战争有关，如纳兰性德的《长相思》和王之涣的《凉州词》。"文化育人"，育人在育德，关注古诗词中的亲情和乡情，对于净化学生心灵，培养学生的美好品质，树立正确的亲情观有很大帮助。

古诗词友情的传统。在中国古代的诗坛上，关于友情的诗篇不计其数，中华文化孕育了友情诗，友情诗又是对中华文化的补充和升华。友情诗通常与送别联系在一起，如杨万里的《晓出净慈寺送林子方》、高适的《别董大》、王昌龄的《芙蓉楼送辛渐》、李白的《黄鹤楼送孟浩然之广陵》和王维的《送元二使安西》。与送别诗相反的是留别诗，如李白的《赠汪伦》。友情诗还通常表现在诗人对友人的赞美，如苏轼的《赠刘景文》。这类诗词都是表达人与人之间积极向上的关系，它们歌颂友谊，抒写对朋友的勉励和劝告、思念和眷恋，对于小学生来说，可以让他们学习如何结交和维持友谊，对友情充满自信心，帮助他们构建起和谐的人际关系，从而构建和谐社会。

古诗词自然热爱之情的传承。表达对自然事物喜爱之情的一类诗词，以讴歌自然美为主题，借自然之物、自然之景来表达自己对自然风光、秀美山水的喜爱之情，丰富人的心灵感受。留恋春光，钟情绿色。中国古诗词中对春光绿色的留恋、赞美可谓比比皆是。唐人贺知章的《咏柳》便是许多人耳熟能详的一篇："碧玉妆成一树高，万条垂下绿丝绦。不知细叶谁裁出，二月春风似剪刀。"这首诗生动地描绘了万物复苏、绿叶满眼的春天景色。诗篇着墨不多，却清丽淡雅，曲尽其妙。韩愈在《晚春》中写道："草树知春不久归，百般红紫斗芳菲。杨花榆荚无才思，惟解漫天作雪飞。"这首诗描写的是晚春的景象，诗人没有将更多的笔墨放到描摹自然景物上，只是攫取了具有典型意义的草树、杨花、榆荚，通过对比来昭示春天即将离去。在诗中，花草树木仿佛也有了灵性，知道明媚的春光即将离去，便以姹紫嫣红的繁花来留住春天。而相貌普通的杨花、榆荚没有绚丽的色彩，只能如白雪般漫天飞舞。作者渴望留住春天以及留恋春光的心情跃然纸上。中国古诗词中吟诵春天绿色的诗句还不胜枚举。如辛弃疾在《鹧鸪天·陌上柔桑破嫩芽》中的"城中桃李愁风雨，春在溪头荠菜花"，苏轼在《惠崇春江晚景》中的"竹外桃花三两枝，春江水暖鸭先知"，白居易在《江南好》中的"日出江花红胜火，春来江水绿如蓝"等，均以鲜丽细腻的笔触描摹了一幅幅原生态的绿色春景。春天孕育着希望，绿色象征着生命。

四、古诗词传承了传统文化之精髓

古诗词是中华传统文化的精髓，也是世界文化艺术宝库中的一颗灿烂的明珠。然而，在西方现代文明影响之下，在全球化发展的今天，中国的古典文明正面临着被进一步边缘化的危机。危机与希望并存，现实与传统共在。传承古典诗词，弘扬传统文化是我们语文教师义不容辞的责任。

古诗词文化源远流长。从远古的原始图腾，到奴隶社会的刀耕火种，到封建时期的农牧文明。这些文明，无不在诗歌的发展史上打下了深深的烙印。可以毫不夸张地说，中国是诗的国度，一部中国文学史，就是一部诗歌发展史。

长久以来，诗歌、散文、戏曲、小说，像四道江河，并排浩浩荡荡地奔流在中国大地。其中，诗歌是我国文学发展过程中产生最早的样式之一，又是文学中得到最充分发展的体裁。起初，《诗经》《楚辞》并称，一富写实精神，一带浪漫气息，构成了诗歌历史长河的两大源头；历经汉魏风骨、齐梁声律，至唐，在集大成的基础上，超迈前贤，成诗歌之盛世，蔚为壮观；其后的宋诗，虽不似唐诗的典雅丰腴、意气浩然，然亦瘦劲冷峭、精细澄澈；与此同时，唐宋词以她姹紫嫣红、千姿百态的丰神，与唐宋诗争奇斗妍；元、明、清三代，以戏曲和小说为主，诗词成就虽不及唐宋，但就具体诗人而言，也还有一些好的作品可供后人欣赏。两千多年来，古典诗词所体现的进步的思想性和卓越的艺术性，无疑是民族文化的精髓和人文精神的灵魂。

古诗词文化魅力无穷。世界上无论哪个民族，哪种语言，都有他们的诗歌，但不同的民族，诗歌的发展的程度是不一样的。诗在不同民族的精神生活中所占比重也是不同的。世界上许多民族的诗歌，长期处于原始的、自然的发展阶段，真正高度发达的诗歌艺术，是以高度发展的文化为基础的。当然，文化的发展也不一定必然促进诗歌的发展，其中必须有适宜诗歌生长的土壤。这样看来我国古代的文化，其适宜于诗歌发展的因素，是极其丰富的。举其大端，如礼乐文明的崇尚、山水审美活动的兴盛、文官制度与科举考试，无不是促进诗歌艺术长期的繁荣并高度发展的重要因素。我国的诗歌，早期的成绩就十分辉煌，有诗经、楚辞、汉乐府诗三大系统，作为后来文人诗歌的源头与母体。魏晋时期，进入高度自觉的文人诗发展的时期，此后一直到近代，以文人为主体的诗歌体系，一直在连续发展，其历史之长，诗人之多，诗歌对整个社会文化影响之深，的确是举世罕见的。这样博大精深的古典诗词艺术，其审美价值之高，自然无须论证。文化与文学的历史既然是无法割断的，那么作为中华传统文化精华的诗词艺术在当代人精神生活中的重要性，自然也是毋庸争议的。诗歌具有与生俱来的亲和力。小说散文写得再好，毕竟不利于传诵，因为它们的篇幅相对较长。而诗词却不同。它的短小精悍，它的朗朗上口，它的雅俗共赏，都可以使它轻捷地活跃在文化传播的前沿。更重要的是，作为一门古老优秀的语言文化艺术，它在促使文化繁荣和提升民族精神上，有着不可替代的价值。从文化的历史使命来看，诗词也同其他文体一样，曾经起过举足轻重的作用，高适、岑参的边塞诗，岳飞的《满江红》等诗词，无一不是战斗的鼓点，冲锋的号角。我们能否认它的价值吗？而且，在和平年代的今天，它仍然可以不分场合地游走于我们的唇齿之间，增添交流的情趣和品位。它长时间地存在已经昭示了它作为精神产物的特殊魅力。

　　古诗词文化在现代社会应发扬光大。古典诗歌以其博大精深的思想内涵，成为教育的一个重要环节。而在应试大旗的指挥下，只重试题不重人的教学，使原本情韵飞扬的诗歌也变得干枯无味。这绝非简单的教学技巧技法的问题，也绝非一个语文教学的问题，而是整个社会生活中人格教育严重缺失的一个缩影。因此，在古典诗歌教学中，关注人本身和谐全面地发展，树立起人格教育的理念，就显得至关重要了。在古诗教学中进行人格教育不仅是语文教学自身发展的要求，也是青少年健康成长的需要，更是时代赋予语文教学的历史使命。社会的发展要求人们不仅应具备深厚的科学文化素质，还应具备良好的思想道德素质。集中体现了中国传统的优秀精神文化的古典诗歌，在人格教育中肩负着不可推卸的职责。在学生人格形成的关键时期，不给学生以正确的引导，让他们放任自流，很容易使学生误入歧途。流传下来的古典诗歌是语言运用的经典范例。离开了人的培养，单纯追求语言能力的提高，最终只能导致古诗教学的干瘪无趣。教学中应充分发挥古典诗歌的综合教育功能，不仅授人以知，还应教人以德，对学生进行智力人格、伦理人格和审美人格的全面人格教育，促使学生追求真善美，形成健全完善的人格。古诗教学不仅注重运用篇篇精美的诗作来学习语言，还应引导学生通过诗歌认识社会、体验人生。不仅注重知识的积累，还应训练学生的思维，培养学生的创新思维和创新精神。道德是人格的核心因素，应结合学生的实际生活，引导学生以发展的眼光重新审视传统道德，吸收具有永久人性光辉的传统美德，以养成学生良好的道德品质。教学时要善于挖掘诗歌中的情感内容，发挥古诗的美育功能。

　　古典诗歌是中国传统文化最好的载体之一，儒家文化的精髓修身、齐家、治国、平天下的道理无不蕴含其中。她正如陈年老酒愈陈愈香，虽经时代风雨的侵蚀，却愈加香气四溢，灿烂照人。学生们在诵读古诗的过程中，自会受到民族人文精神的熏陶感召，在完善自身人格修养、提升文化品位的同时，必将自觉地承担起传承中华文明、弘扬民族精神、推动社会进步的历史重任。

第二节　古诗词能推动文化复兴
并建立文化自信

古诗词热，仿佛一股清泉，浸润我们共同的文化基因；仿佛一面镜子，折射我们对优秀传统文化的旺盛需求；仿佛一声号角，召唤我们更好地传承经典、筑牢文化自信。读一读就能感受到"人闲桂花落，夜静春山空"的幽静，品一品就能看见"大漠孤烟直，长河落日圆"的壮观，诵一诵就能体会"壮志饥餐胡虏肉，笑谈渴饮匈奴血"的爱国情怀。发展中华优秀传统文化，加强文化自信，从朗朗上口的诗句开始，从娃娃开始。文化的发展需要的是继承与开创，而孩子是我们的接班人。在平常的教育教学活动中，加入适宜的古典诗词文化的熏陶，让孩子慢慢发现一字一句中的魅力。当每个孩子都能将古人的智慧内化吸收，并衍生出自己的思想时，文化自信，油然而生。

一、古诗词彰显传统文化生命意识

腹有诗书气自华。古典诗词文赋作为中国优秀传统文化的代表，一直让我们引以为傲。而这千年文化的延绵不绝，依靠的是华夏儿女的薪火相传。随着经济的发展，社会的进步，快节奏的生活让人们变得浮躁不安，此时，若你能读一读诗句，看一看古文，犹如在花的世界中徜徉，染其色、闻其香、尝其味，不断地提高自己的文化修养、净化自己的灵魂、开阔自己的视野，求得身体和精神上的健康，自信便会油然而生。

党的十九大报告对中国文化做出重要阐述："文化是一个国家、一个民族的灵魂。文化兴国运兴，文化强民族强。没有高度的文化自信，没有文化的繁荣兴盛，就没有中华民族伟大复兴。"文化自信，唤起国人对既往传统的回望。古典诗词是中国传统文化的重要组成部分，当我们再次回味时发现，它的美深隐于我们的文化基因之中，是中国传统文化兴会、玲珑、蓬勃的精神动力。借这"文化自信"的号角，古典诗词冲霄遐举，并向世人呈现中国文化的意识、审美和情怀。

生命意识，既是人类对自身命运和存在状态的思考，也是人类意识中原初的、核心的意识形态，它包括情感和智慧两种内涵。

华夏民族的情感最初形态就是以诗歌形式记录下来的。《尚书·尧典》载"诗言志，歌永言，声依永，律和声"，孔子曰"《诗》可以兴，可以观，可以群，可以怨"。诗是人类真善美、知情意的综合情绪，它没有偏见地记录着华夏子孙情感历程的变迁。在中国传统文化中，情感的核心灵魂是"天真"。这里所谓的"天真"不是任性，更非懵懂愚钝，而是真性情，它体现的是"自然"精神与"家园"意识。魏晋南北朝时期的文人将"自然""田园"作为生活的终极追求。"竹林七贤"的灵魂人物嵇康曾言"越名教而任自然"，而嵇康本人"精光照人，七格凌云"的人格魅力更成为后人的榜样。有"自然"必有"田园"，"田园"与"自然"相依相存。陶渊明的"田园"来自对老庄自然美学的崇拜。陶氏生于凡尘，却于红尘之外开辟了一片属于自己的"田园"世界，欣然捕捉"自然之美，真实志趣"，他超然物外的心性不仅开辟了中国诗歌平淡自然、抱朴守拙的美学境界，而且成就了中国古典诗词的田园范式。于是，田园与自然逐渐成为中国士大夫的情感家园。

智慧，是某地域内的文化积淀内化于人之后的执行力，也就是人在某种特定文化熏陶之下的思维及其行为。"智慧"，为"智"与"慧"的集合。智是聪明，聪明与生俱来；慧为慧通，需要勤学精进。中国传统文化中的"智慧"，体现出"慧通"之内涵。中国人的"慧通"外显为"温柔敦厚"，内置为"圆融贯通"。无论儒家还是道家，他们的主要观点都集中在塑造"和合"的人生气质，这是追求融合与和谐生活志趣的根本方式。在这个熔铸过程中，诗词发挥着根本的施教作用。孔子认为若不诗教，"君子"二字不过徒有其名。因此，就不难理解《诗经》为何成为儒家"格物致知""修齐治平"的基础了。

集体智慧，是华夏文明与自然相处过程中碰撞出的"相合"智慧。汉乐府民歌《江南》看似写采莲，其实在歌颂江南风光之余，想要传达人的活力，表现在与大自然的关系中，人与人之间那种相互合作、相互爱护、兴味盎然的集体主义精神。个体智慧，考验的是人在得与失的人生道路上的达观精神，并彰显个人的承受能力。苏轼因"乌台诗案"被贬黄州，但于此逆境，他并没有与外界发生冲突，而是选择接受。一如他本人所言："回首向来萧瑟处，归去，也无风雨也无晴。"无论人生如何苦痛，无论多少酸甜苦辣，最终必将风烟俱净，而永恒存在于人生的，还是我们面对生命起伏时的那份坦然。"相合""和谐"，这些坚韧镌铭的生命意识，恬淡、和乐、自在。

二、古诗词承载民族文化自信精神

风骨与气韵，来自中国古代文论术语，指的是文章内容和文辞方面明朗、刚健的风度。南朝刘勰在《文心雕龙》中，专有"风骨篇"。风骨，彰显内容的坚韧本质；气韵，反映文辞的感染力。气韵衬托风骨的劲健，风骨支撑气韵的光华。

风骨之气度，莫过于观照岁月的能量，中国古典诗词对岁月的描写是最具亲和力的。建安"三曹"之曹操慨叹"烈士暮年，壮心不已"；初唐王勃诵"与君离别意，同是宦游人"；而盛唐王之涣则歌"黄河远上白云间，一片孤城万仞山"；宋代李清照叹息"莫道不消魂，帘卷西风，人比黄花瘦"。这些人生，或庄或谐，或爱或恨，或疏或痴，它们在风骨之内，气度之上，演绎出中国美学精神"蕴藉隽永"的意味。南宋词人蒋捷作《虞美人·听雨》，用观雨的心境将"少年、壮年、而今"和盘托出，突出了人生——这位高明工匠——雕刻出的岁月力量。岁月如雨，时光亦醉。痴于"醉"的，莫过于"谪仙人"李白。他的《客中作》，以酒告慰时光。李白酒入诗肠，狂歌"不知何处是他乡"。几百年后，苏轼作答"此心安处是吾乡"。在与时光对峙的人生中，诗词是唯一的安慰。这岁月的"沉着之致"积淀了风骨，凸显了气象。

风骨之韵味，莫过于古人对"物"的执着。刘勰言："物色之动，心亦摇焉。"古人写物，其旨在"物我两忘"。王国维谓："以我观物，故物皆着我之色彩"，即便是不起眼的花草，相对诗词作者而言也仿佛具有"明心见性"的品质。南宋诗人陆游，晚年隐居山阴（今绍兴）乡村，寒冬中偶见梅花怒放，兴之所至提笔作《卜算子·咏梅》。他虽没写一朵"梅"，没着一枝"花"，但读后却有幽咽的暗香扑鼻。"物"的淡雅之外，亦有浓郁气韵弥漫在诗词世界。"云想衣裳花想容，春风拂槛露华浓"，李白的牡丹如此；"琉璃钟，琥珀浓，小槽酒滴真珠红"，李贺的美酒如是；就连柳永的"别恨"也浓得化不开——"杨柳岸，晓风残月"。古人观照"物"、珍视"物"的思想意度，是古人对"诗性"的自解，信手而出，奇崛有致。

综合审视，中国传统文化的审美与西方哲学饱满的逻辑思维相反，它始终带着深深的隐秀色彩，内力隽秀，外显圆融，这是中国哲学以"道"为核心的"言有尽意无穷"。而最终，它落实到了"意蕴无穷"的艺术气质上，其效果就是"不在场的出席"，"不着一字，尽得风流"。

三、古诗词文化昭示华夏家国情怀

北宋哲学家张载有言："为天地立心，为生民立命，为往圣继绝学，为万世开太平"，这既是先贤圣道，亦隐喻家国大义。因此，家国情怀也是中国古典诗词从未缺席的主题。诗词中的家国，既有"边塞况味"，也有"忧国忧民"。

"边塞况味"，莫如盛唐四大边塞诗人王昌龄、王之涣、岑参、高适，他们开启了中国边塞诗词的巅峰之门。王昌龄有感于汉将李广的英雄气概而作的《出塞》句句宣誓，字字慷慨，尽显盛唐人保家卫国的决心。王之涣留存于文学史的诗作已不多，但《凉州词》的余响不绝于耳，尤其是那两句"羌笛何须怨杨柳，春风不度玉门关"。羌笛与杨柳，春风与玉门关，离家已经平添几分忧思，而更为堪忧的是，面对这茫茫荒漠，连表达思念的杨柳枝都找不到。玉门关，自古就隐喻着边塞情绪，诗人把它放在这里，更显回乡之路漫长悠远。忧愁虽然有，但比忧愁更强烈的是慷慨，乡愁之上，还有家国荣誉，这远远高于个人悲情。边塞将士们的坦荡着实令人叹服。于是，我们不难理解，王之涣的《凉州词》为何哀而不伤、怨而不怒、悲壮却不凄凉了。

"忧国忧民"诗词所体现的则是国与民在争战中的苦难。忧国，既有曹植"捐躯赴国难，视死忽如归"，又有辛弃疾"了却君王天下事，赢得生前身后名"，更有文天祥"人生自古谁无死，留取丹心照汗青"。在"捐躯赴国难"这面旌旗下，辛弃疾一腔热血奔赴《破阵子》，陆游逝前留下"王师北定中原日，家祭无忘告乃翁"的殷切期待。忧民，最深情的则非杜甫莫属了。朱熹论杜甫人格，将他与颜真卿、诸葛亮、韩愈、范仲淹并举为"君子"，意为"品格高尚"的人。朱熹认为他们"其所遭不同，所立亦异，然求其心，则皆光明正大，疏畅洞达，磊磊落落而不可掩者也"。杜甫的"磊磊落落"是他对民众生命的人道关怀。他的"三吏""三别"像一部史诗，记录着战争中百姓的艰辛。"嫁女与征夫，不如弃路旁"的年轻人，"子孙阵亡尽，焉用身独完"的老人，"存者无消息，死者为沉泥"的受难者，这些形象直指人心。杜甫爱民之情丹心耿耿，情义相照。

生命意识、风骨气韵、家国情怀，这三者合而为一，成为中国古典诗词积淀于文化中的审美基因。它们深隐于华夏灵魂深处，昂而不傲，光而不妖。它们内敛、融达，成就了中华文化昂扬的自信："不要人夸颜色好，只留清气满乾坤。"这种文化自信与古典诗词偕隐同行，玲珑剔透，流光溢彩，超越了空间，点亮了时代，烛照千秋，辉映未来。

四、古诗词文化孕育传统文化复兴

文化自信是基于当代中国发展的现实而提出来的，同时又是对往古来今的中华文明深切的价值关切，包含着对我们民族文化传统的自信、对中国现实发展道路的自信以及对中国未来发展前景的自信。古典诗词，中华文明的至尊文化。中国是一个诗的国度，中国古典诗词，是世上最能生动表达其意的文体，是国人绝无仅有的精神宝库。不仅是我国宝贵的文化遗产，也是我国古代文人对世界文化所做的贡献，是世界上独一无二的瑰宝，更源于坚信中国文化、中国智慧对中国与世界的巨大价值。古典诗词，贯穿中华的核心元素。诗词源远流长，至今仍活在人们的口中笔下，是所谓"活的经典"。流传至今的许多成语警句都来自诗词。人们也公认唐诗、宋词、元曲都是划时代的文学高峰。从屈原到李白、杜甫、苏轼、陆游等大诗人是中国文化中具有高度标志性和象征性的人物。而中国文学最独特的成就，正是以深蕴中国人审美意趣、价值观和独到语言魅力的诗词。

古典诗词，文化修养的基本成分。是深深烙印在中国人内心世界的文化积淀的核心，它比儒道思想更为深入人心。在琳琅满目的文学百花园中，中华传统诗词具有穿透时光的风雅，是一条绵延不绝的文化精神脉络，承载着中华文化的智慧、风骨与灵魂。虽然在今天，随着时代的变迁和现代中国语言的变革，古典诗词创作者越来越多，它在中华文化中的重要地位从未改变。

古典诗词，弘扬国粹的文化空间。中华诗词作为一种文化，不仅推动和促进了其他文学形式的发展，且营造了一种巨大的、带有诗情画意的文化氛围。这是中国与众不同、卓然独立的关键内在。我国第一本诗歌集《诗经》记录的便是当时社会状态的平稳发展与和谐，人民安居乐业。唐朝兴盛诗歌，大街小巷传遍，从而创造了盛世的繁华。

古典诗词，中国历史的吟诵精华。不仅浓缩了国家民族发展的方方面面，也概括了人民生活的细枝末节，每个国人都非常熟悉一些诗词名句。即使是受教育程度并不高的普通人，也能脱口而出"白日依山尽""床前明月光"，岳飞的《满江红》、文天祥的《正气歌》，在现代中国人面临民族危亡时刻，用以激励和鼓舞自己为中华民族的未来而奋斗。苏轼的《水调歌头》、张若虚的《春江花月夜》，更是中国人审美理想的极致。这些诗词经典在文化自信中占据着重要地位，也为国人所高度熟悉。

古典诗词，民族崛起的精神支持。我们要挖掘古典诗词的丰富宝藏，在世界发出真正的东方之音。这无疑顺应了习近平总书记指出的："不忘本来才能开辟未来，善于继承才能更好创新"的新学说，也将助推全国人民逐步实现"文化自信"到"文化自觉"的转变。这无疑为古典文化在新时代赋予了新的使命。

言之无文，行而不远。在中国文学史上，诗歌一直占据着主导地位，它代表着中华民族的正统文学，特别是把儒家思想中的许多内容视为治国理政，是不可或缺的思想资源。不但折射出了社会生活中人们对于更高层次精神生活的渴望与追求，而且让我们看到了文化自信在当代落地生根的软实力。

第三节　古诗词是当代语文教育重要内容

中国是诗的国度。以《诗经》为发端的中国诗歌文化的历史渊源之早，跨越时空之漫长和辽阔，嗜诗阶层之广泛，这在世界其他民族之中，是少见的。诗歌在中国历史文化中享有崇高的社会地位，诗歌精神也成为中国文化的表达形式。中国优秀的诗歌文化传统，蕴含着中华民族特有的精神气质，哲学观念和审美理想。在古往今来的语文教学中，诗歌都是以其重要的内容而受到重视，早在两千多年前，教育家、儒家思想的先驱孔子就提出了"诗教"的主张。诗歌以其独特的教育和审美价值，在过去乃至今后的语文教学中，都有着重要的地位和作用。

一、古诗词教育能促进传统文化传承

（一）精准明确教学目标，保证文化传承方向

学校教育作为文化传承的主战场，学生作为文化传承的主力军，如何将文化传承落实到具体的可操作层面，语文古诗词教学就是一个切入口。文化传承理念融入在社会生活的方方面面，不论是从语文课程的性质出发，还是基于语文核心素养的考虑，教师都应把文化传承的理念自觉融入语文课程。同时古诗词作为一项优秀的传统文化，将文化传承理念融入语文课程中，既可丰富语文课程的内涵，又能充分发挥古诗词丰富的教育功能。教师也应明确，古诗词的内涵是丰富多彩的，如何将古诗词的价值最大化，应对古诗词的传承价值进行深入的解读，再确定具体的可操作的教学目标。传承古诗词文化，为教师和学生传承中华优秀传统文化提供一个重要的方式，教学时要关注古诗词对学生外在的语言训练和内在的情感熏陶等价值。有了明确的教学目标，在教学过程

中，师生才能够更加关注古诗词在中华传统文化中的地位，更加明确文化传承的方向。

教材中的古诗词集众多的传承价值于一体，既有外显的诗词文化、历史生活知识，也有内隐的精神文化知识。然而，教学过程中教师往往会忽视对文化的传承和引导，教师只是作为知识的传授者，并未自觉上升到文化的传承者。以文化传承的理念来进行古诗词教学，可为文化传承提供更加精准的定位，增强文化传承的操作性；增强古诗词教学的文化气息，探索古诗词教学的新理论。教师和学生接受古诗词的价值时，就不会仅仅停留在语文学科知识的学习上，而是在此基础上进行文化的认识理解和熏陶感染，在语文学习的过程中表现出对祖国语言文字和中华文化的热爱，形成文化自觉和文化自信。

（二）高度丰富教学内容，拓展文化传承资源

我国从古至今都非常重视"诗教"，重视诗词对人的作用，强调"以诗育人，以诗化人"。古诗词作为我国重要的传统文化，能够经过历史的洗礼流传至今，必然有其文化价值所在；古诗词在当今社会仍然有新的生命力，也与其具有独特的价值息息相关。基于传统文化传承的目标来进行古诗词教学，势必要对古诗词的价值进行挖掘，势必要能够引导教师在进行古诗词教学时重视古诗词的价值，对古诗词的文学美和情感美有深入的了解，在教学中有意识地培养学生对诗词文化的认知、体验和理解。首先立足统编版教材，把握统编版教材里的古诗词，深度挖掘每一首古诗词的价值，结合学生的年龄特点选取合适的教学内容，这样的教学有利于将已有教学资源的价值最大化。在此基础上，向课外进行适度的拓展，鼓励学生运用各种方式查阅资料，能够丰富学生的文化知识储备。在查阅资料的过程中，培养学生独立思考的能力，辨别优劣文化，感受中华文化博大精深的魅力。在丰富的学习内容中，学生对文化知识的吸收，诗词情感的领悟才能更加有深度。

中华诗歌往往与中国书法和绘画联系在一起，北宋时期，随着文人画的发展，题画诗不断发展起来，诗画相成，达到出神入化的境界。如清代的郑燮，被后人称为诗、书、画全绝的全才画家，他的《竹石图》集诗歌、书法和绘画于一体，所绘之景是诗中所写，所作之诗是画中之景，绘画展现出刚直雄强之气，书法行笔自然爽快，劲道十足，整个题诗画表现出有精神、有活力、有韵味。诗、书、画的意境三者合一，给读者不一样的视觉享受。在教学古诗《竹石》时，关注诗词文化、书法文化和绘画文化等文化元素，将教学资源的外延，延伸到别的课程，延伸到课外。这样的教学，有利于将语文课程与其他学科进入综合，拓展文化传承的资源，丰富学生对文化的认识。

（三）深度改善教学方法，提升文化传承自觉

文化传承的目标指向和丰富的教学内容，决定了古诗词教学方法的多样性。谈起古诗词教学，不少师生都会用"枯燥无味"来形容，古诗词难教、难学是大多数师生的共鸣。基于传统文化传承的古诗词教学，在教学方法的使用上强调学生学习过程中对文化的认知和体验，不论是语文教学还是文化传承，都要根据不同年段学生的心理发展特点选取恰当的教学方法，帮助学生体验古诗词意象之美、意境之美和精神之美。尊重学生的独特体验，注重用文化来塑造学生的人格，从而提升学生传承传统文化的自觉性。有些传统的教育教学方法在现代教育中仍然有巨大的作用，在传承传统文化的同时，我们并不排斥对古代优秀教学方法的传承，比如吟诵的教学方法。这是古诗词教学方法的一种历史回归，但这种回归并非是盲目的复古，而是借鉴古代优秀的诗歌教学方法，采用"视听诵"结合的方式加深学生对诗词文化的认知和理解，从而更加容易感受诗词所描绘的美的事物和美的情感。

中华文化博大精深，诗词文化也与其他文化紧密相连，基于传统文化传承的古诗词教学，特别注重教学资源的整合，以及对课外资源的拓展，帮助学生梳理古诗词之间的联系，形成文化的整体观念。教学资源的整合和拓展的教学方法可提高学生的自学能力，拓宽学生查找资料的途径，提升学生对中华文化的自豪感。在教师多样而高效的教学方法中，能够帮助学生对中华优秀传统文化有所知、有所感，提升自身的文化使命感和文化传承的自觉性。

（四）全面优化教学环境，营造文化传承氛围

良好的教学环境具有较强的感染力，能助推教学的顺利开展，是有效教学的重要基础。首先可以激发和调动学生的学习兴趣，为良好的课堂教学打下基础，其次为学生语言、思维、审美和思想的发展起着引领和导向的作用。在古诗词教学中关注传统文化的传承，有利的教学环境主要体现在两个方面，一是学生在母语的学习环境中容易吸收中华优秀的文化；二是课堂中生成的教学氛

围有利于帮助学生形成文化传承的使命感。学生长期生活在汉语言的语言环境下，其成长的文化背景也以中华民族的文化为基础，语文课程又是我国的母语教育课程，故在语文古诗词教学中传承传统文化，更能够使学生产生文化的亲近感，更易使学生与中华优秀传统文化产生共鸣，进而提升自身的文化素养和文化传承的使命感。古诗词作为一种语言艺术，相较于中华民族其他的传统艺术（如书法、美术、雕像、音乐等）没有设备和条件等的限制，更易被母语环境中成长起来的学生接受，对文化的传承也更易推广。故以古诗词作为文化传承的载体，符合学生生长的文化背景，也符合古诗词的民族性特点，在浓厚的文化传承背景下，可以起到更佳的教学效果和文化传承效果。

教学是一种有计划、有组织、有目的的育人活动，在古诗词教学中关注传统文化的传承，教师的教学内容和方法相较于普通的古诗词教学的课堂，会更加具有传统文化的气息。比如《望天门山》《饮湖上初晴后雨》《望洞庭》的教学，引导学生认识中华大地的名山秀水，体验祖国自然景观和人文景观的壮美，对祖国的秀美山河产生由衷的热爱和崇高的敬意。语文课堂中关注传统文化因素，整个教学对文化传承的氛围营造得越浓，在无形中越能够形成一种文化传承的向心力和凝聚力，进而提升学生的文化品位。这种文化传承的向心力和凝聚力更是促使学生认识、体验优秀传统文化的重要动力，培养学生的文化自豪感和使命感的内驱力。

中国是诗的国度。以《诗经》为发端的中国诗歌文化的历史渊源之早，跨越时空之漫长和辽阔，嗜诗阶层之广泛，这在世界其他民族之中，是少见的。诗歌在中国历史文化中享有崇高的社会地位，诗歌精神也成为中国文化的表达形式。可以说，中国优秀的诗歌文化传统，蕴含着中华民族特有的精神气质，哲学观念和审美理想。在古往今来的语文教学中，诗歌都是以其重要的内容而受到重视，早在两千多年前，教育家、儒家思想的先驱孔子就提出了"诗教"的主张。这是因为，诗歌以其独特的教育和审美价值，在过去乃至今后的语文教学中，都有着重要的地位和作用。本文试图从诗歌的教育和审美特征出发，对其在语文教学中的认识价值作一粗略的探讨，以就教于广大同行。

1. 诗教的情感净化作用

"诗心千古总缘情。"诗从本质上说是抒情的。汉代儒家文艺理论名篇

《毛诗序》说："诗者，志之所之也。在心为志，发言为诗。情动于中而形于言……"可见，诗是诗人情感的产物，是因情感而生诗，只有真情实感，才能写出感人的诗。真情，是诗之灵魂，出于真情的诗，自然而无矫饰。从"真、善、美"三者的辩证关系来寻求认识，有了真才有善，有了善才有美，美的基础是真和善。中国传统诗歌中的经典名篇，千古传诵，脍炙人口，正是由于诗中所表现出来的真是美好的情感。这些情感无论是纯真爱情的自然流露，赠别友人的真挚表白，羁旅乡愁的尽情排遣，生命无常的伤怀感慨，还是对国家民族命运的忧患意识，都是源于诗人内心的真情实感。我们在教学中引导学生在诵读这些经典诗歌的过程中，作为教学主体的学生通过诗意的体验和感悟而达到心灵的净化，这正是诗歌的作用和魅力所在。我们过去的语文教学在一定程度上重视"知识"的灌输而忽略情感的培养，重智育而轻德育，这是和语文教学的本质规律相悖的。2001年国家教育部颁布的全日制义务教育《语文课程标准》（实验稿）在语文"课程的基本理念"中关于"正确把握语文教育的特点"中明确指出："语文课程的人文内涵对学生精神领域的影响是深广的，学生对语文教材的反应又往往是多元的。因此，应该重视语文的熏陶感染的作用，注意教学内容的价值取向，同时也应尊重学生在小学过程中的独特体验。"《语文课程标准》在界定语文学科的性质地位时指出："工具性与人文性的统一，是语文课程的基本特点。"从这个意义上来认识，语文学科的人文性特点决定了语文教学应该是一种情感教育。因为人文教育的实质是作用人的精神领域的是靠情感的体验而达到其感化的目的。2001年国家最高科技奖获得者、北大王选教授认为，对一个人的成功起重要作用的是"情商"。国外研究也表明，一个人的成就只有20%来自智商而80%来自情商。可见，一个人一生的成就和全面发展在很大的程度上取决于非智力的情感因素。语文教学中的诗教正是通过诗歌的情感熏陶作用，使学生在诵读时的情感体验中得到心灵的净化和精神的升华。以抒情为本质特征的诗歌在对培养学生真诚美好的情感方面，有着极具重要的作用。同时，诗歌在培养学生高尚思想品德方面也有着自身独特的优势。众所周知，德育本身是高度情感化的过程，离开了情感，德育将成为无源之水，无本之木。在语文教材中，很多经典的诗歌为塑造学生高尚的灵魂提供了丰沃的土壤。如杜甫的许多诗在反映了当时因战乱而致使千百万处于社会底层的百姓家破人亡、妻离子散的同时，也反映了诗人一生虽然身处于患难之中，仍然"穷年忧黎元"，时时想到老百姓苦难的伟大情怀。杜甫被后世誉为"诗圣"的原因，一方面在于他的诗真实地反映了他所处的时代现实，更主要的是他在诗歌中所表现出来的对国家和民族命运的忧患意识以及对生活在社会底层的广大人民的深切同情。继承杜甫正视现实，抨击黑暗的现实主义传统的白居易，以其通俗流畅的诗歌语言，把关注和同情下层百姓的情感表达得淋漓尽致。如《卖炭翁》中的卖炭翁在冰天雪地的严冬"可怜身上衣正单"，却"心忧炭贱愿天寒"；而《观刈麦》中刈麦者"足蒸暑土气，背灼炎天光，力尽不知热，但惜夏日长。"并非卖炭翁不觉冷，刈麦者不知热，正是通过这种生理的需求和心里的愿望构成的巨大的反差，强烈地反映了残酷的社会现实。表现了诗人对身处社会底层的劳动人民生活艰辛的深刻理解和同情，如果没有诗人这种真挚细腻的情感，是无法反映这种真切的生活细节的。也正是基于对于广大劳动人民的深切理解和同情，才会有作为县尉的诗人面对刈麦者的艰辛和拾穗者的悲苦而发出"今我何功德，曾不事农桑，吏禄三百石，岁晏有余粮，念此私自愧，尽日不能忘"的自省和感叹，这种情怀不正是我们今天的许多为官者需要的吗？在现行的九义教材中，诗歌特别是经典诗歌占教材内容的比例还较小，这和诗歌在语文教学中的地位和作用比较起来还不相称，2001年的九义《语文课程标准》（实验稿）明确规定了背诵240篇诗文，是很有必要的。这是语文课程改革的新举措，反映了当前语文课程改革的力度和胆识。笔者认为，语文教学中的诗教作用正是在于学生通过大量的经典古诗词，特别是诗歌的背诵，得到情感的体验和熏陶，从而达到高尚的思想感情的净化和良好的道德品质的养成，是具有十分重大的现实意义的。

2. 诗教给人以博大的胸怀

如前所述，经典诗歌以其对弱小，对下层人民的深切关注和同情作用于读者的情感，使其形成完美的人格；同时，经典诗歌更以其博大的人文内涵给读者以精神感化，对拓展读者的心胸和境界也有着重要的作用。著名英国诗人雪莱在《诗的辩解》中说："道德的大原在仁爱，在脱离小我，去体验我以外的思想行为和体态的美妙。一个人如果真正要做善人，必须能深广地想象，必须能设身处地替旁人想，人类的忧喜苦乐变成他的忧喜苦乐。要达到道德上的善，最大的途径是想象；诗从根本上做功夫，所以能发生道德的影响。"这段话指出了道德的根本在于"脱离小我"，能"设身处地替别人想"，进而把"人类的忧喜苦乐变成他的忧喜苦乐"，而诗从根本上对人"能发生道德的影响"，雪莱在一定意义上指出了诗对于人的道德情感所起的作用，这段话所涉及从"小我"到"别人"再到"人类"的三个层面，正是人文精神所包含的重要内容，也是正确的人生观、价值观的重要组成部分。我国古代思想家、教育家孔子在《礼记·经解》中说："温柔敦厚，诗教也。"孔子的所谓温柔敦厚，是儒家思想的核心：仁。"仁者，爱人。"孔子从为人的角度指出了诗教的作用。这同雪莱的"道德的大原在仁爱"的看法是一致的。古今中外，"脱离了小我"，关注于国家民族乃至于人类前途命运的诗人及经典诗篇，可谓多矣。吴乔在《围炉诗话》中说："子美于君亲、兄弟、友朋、黎民，无刻不关其念。"指出了杜甫诗歌中对于君亲、朋友、家国治乱，时世民生的系念之情。最典型的诗他的《茅庐为秋风所破歌》，自己身处困境，想得到的却是"安得广厦千万间，大庇天下寒士俱欢颜"，这种胸襟和情怀是何等博大。很多诗人在遭遇坎坷命运的时候，往往能把个人的人生际遇和国家、民族的命运结合起来，表现其博大崇高的情怀，如陆游七绝："僵卧孤村不自哀，尚思为国戍轮台。夜阑卧听风吹雨，铁马冰河入梦来。"作者生当宋金对峙，国土分裂，战争频繁，朝政腐败，人民受苦的时代，因此，一生以诗词文章为武器，希望国家统一，人民安居乐业，可惜一直遭受厄运。到了晚年，也不能实现其政治抱负，直至老病僵卧，奄奄一息之际，依然梦想铁马冰河的戍边卫国的疆场。表达出诗人满腔的爱国热情，读了令人荡气回肠，感慨万千。在表现卫国戍边，为国家民族建功立业为题材的诗歌中，从屈原的《国殇》到辛弃疾、陆游的诗歌，从唐代的边塞诗到岳飞的《满江红》。无不以其开阔的境界、悲壮的形象、响亮的音节和炽热的情感，抒发戍边将士精忠报国的豪情壮志，诵读时无不令人热血沸腾，顿生豪迈之情。有的诗人不因遭厄运而颓唐消沉，反而能从中悟出哲理，既宽己又启人，如刘禹锡的《酬乐天扬州初逢席上见赠》："巴山楚水凄凉地，二十三年弃置身。怀旧空吟闻笛赋，到乡翻似烂柯人。沉舟侧畔千帆过，病树前头万木春。今日听君歌一曲，暂凭杯酒长精神。"用"沉舟侧畔"，千帆竞发；"病树前头"，万木回春，表达出自己豁达旷放的人生态度，能给读者以启迪。

诗言志，诗歌在张扬主体的胸襟性情中，以悲天悯人的人文精神作用于读者，使读者在诵读的过程中为其豪迈的情怀和博大的精神所启迪和感染。开阔了境界，拓展了胸怀，走出了自我，摆脱个人情感的漩涡，通过情感的洗礼得到精神的升华，这是诗教又一重要作用。

3. 诗教的审美作用

传统意义上的诗教是指诗歌的"人伦"教化作用，我们在前面讨论的诗教也是从诗歌对人的情感道德作用来认识的。其实，在基础教育实施课程改革，全面落实素质教育的今天，诗教更有其丰富而深刻的内涵。作为文学艺术范畴的审美价值也应该纳入诗教的视野。因为对学生的审美教育本身和德育一样，在注重全面发展的素质教育中有着极其重要的地位和作用。

（1）情感之美。正如我们在开头就指出了出于真情的诗，自然而无雕饰，具有纯朴天真之美。中国的传统诗论，也以纯朴天真为最高的审美标准，鲍照在评颜延之和谢灵运的"初发芙蓉，自然可爱"，因而谢灵运两人的诗风时说颜的"铺锦列绣，雕绘满眼"，自不如谢灵运的"初发芙蓉，自然可爱"，因而谢灵运的"池塘生春草，园柳变鸣禽"。王维的"明月松间照，清泉石上流"字虽平实淡白，却自然天成，成为千古传诵的佳句，因为这些诗句写出了作者新鲜真切的感受，李白崇尚"清水出芙蓉，天然去雕饰"的自然之美，这种审美情趣正是根植于对真情实感的肯定，对人类心灵本真的赞美。经典诗歌正是通过真情实感的抒发，给读者体验了审美的愉悦。

（2）意境之美。意境，是诗人的主观情志和客观物象融合一致而表现出来的一种艺术境界。这种境界神形兼备、情景交融、理趣无穷，能给读者在阅读欣赏过程中，通过联想和想象，再结合自身的知识背景、生活经验和审美水平，再创造还原为诗人在诗中所创造的艺术境界相似或相近的境界，这个境界使读者受到感染、熏陶，从而获得审美的愉悦。苏东坡在评价王维的诗歌时说："观摩诘之画，画中有诗；味摩诘之诗，诗中有画。""味"就是品味，是读者在阅读和欣赏过程中把作者的书面文字还原为具体可感的形象——画面的过程。这里，苏东坡在评价王维高超的诗、画艺术的同时，也生动形象地指出了诗画之间的关系，诗中之"画"，就是诗的"意境"。经典诗歌总是以优美的意境给读者想象和联想的二度创作的广阔空间，总是给人以启迪、回味的欣赏快感，令人百读不厌，常诵常新。因此，我们的语文教学应该引导学生通过大量的经典诗歌的诵读和欣赏，诱发其想象力，激发其创造的潜能，使学生在审美的愉悦中提高鉴赏能力。

（3）韵律之美。诗歌是情感的产物，早在文字产生之前，人们就诗歌的形式来表达自己的喜怒哀乐，《诗经》中的民歌，就是后人记录的人们在生活中口头传唱的歌词。这种即兴创作，口耳相传的民歌就是诗产生的源头。因而，诗歌从产生的那一天起就和情感结下了不解之缘。如果说，诗的意境是和美术中的"画面"有联系，那么，诗歌和音乐的关系就更为密切。音乐是凭借节奏和音高的变化，构成韵律之美而存在和发展的，因此，节奏和韵律也构成了诗歌的形式特点。黑格尔说："诗则绝对要有音节和韵，因为音节和韵是诗的原始的唯一的愉悦感官的芬芳气息，甚至比所谓富有意象的富丽辞藻还重要。"（《美学》商务印书馆1981年版，第68页）黑格尔把诗的声律高置于辞藻之上，正是从诗的这一特点着眼的。诗歌寄寓这个人乃至时代的精神和情绪，就像音乐一样各成音调，欣赏诗歌，也如欣赏音乐，可以从不同的声调中感知不同的情感内涵，得到不同的审美享受。下面我们从诗歌的节奏和声韵两方面来分析。

首先，从音节方面来看，节奏是诗的感性外表，也是诗的内在的生命律动，因此，诗的节奏可以从诗歌外在的语言节奏，也就是根据汉语的语言特色所构成的音响节奏体现出来的。例如中国古典诗歌的节奏是与汉语大量的单音节词，每个字都是由音、形、义三者统一的特点分不开的。这一特点构成了中国诗歌的音节组合、平仄、对偶和用韵的基本形式，这种形态在齐梁以后形成的律诗、绝句等近体诗上表现得更加明显。特别是律、绝中的对仗要求句式上的整齐、结构上的匀称、词性上的对应，在诵读时，更能体现出一种音乐的节拍，使诗歌更加朗朗上口，便于吟诵，大大增加了抒情效果。

节奏是我们在欣赏诗歌时获得的审美愉悦的重要因素，但是，诗歌的韵律美，还体现在语言声音的高低变化方面，就像音乐因不同音高的对应和对比，才构成优美旋律一样，诗歌也讲究音高的和谐变化。这在中国古典诗歌中显得更为重要，汉语语言有四个声调，五度音高的特点，声音在一定的结构下，本身具有音乐的审美作用，因为汉字本身的四声以及五度音高的变化，在诗的节奏中就会体现出一种抑扬顿挫的音乐感来，这种音乐的美感在诗歌创作中成为诗人的一种审美追求，从而产生了讲究押韵，平仄和对仗的诗歌形式。以律诗中的平仄为例，平仄是一种声调关系，声调以音高为主要特征，将汉语的四声分为高音相对平衡的平声和音高曲折起伏的仄声，在诗歌中以平仄有规律地交替和重复，造成音调的和谐变化，这种错落有致的声调搭配和诗的音步（节奏）结合起来，就构成了格律诗特有的音乐美。我们在诵读时就会产生情绪上的快感而达到审美的效果。从而实现美育的目的。

美育是素质教育的重要内容，德国文学家席勒说过："要使感性的人成为理性的人，除了首先使他成为审美的人，没有其他途径。"从这个意义上来认识，美育是德育的基础，美和善是辩证统一的，是互相促进互相作用的，认识到这一点，我们才能在语文教学中充分发挥诗教的美育作用。

二、古诗词学生教育与成长

中小学古诗词教学能促进中小学生想象力的发展。想象力作为所有创造活动的一种思维源泉，学生缺乏足够的想象力，将会限制其对客观世界和事实的认知，想象力是伴随个体一生的发展过程。对于基础教育阶段的中小学生来讲，良好的想象力能够促进中小学生的学习。在古诗词学习的过程中，中小学生通过学习古诗词，能够发挥联想、补充和创造的能力，构建古诗词中的画面。例如："长河落日圆，大漠孤烟直"这句诗词能够将学生的思维定置于一个开阔的环境中，在学习的过程中，既能够发挥学生思维创造的主导性，也有利于提升中小学生的语文阅读和作文写作能力，对于提升中小学生后期的语文学习，有着不可或缺的价值。

中小学古诗词教学能促进中小学生审美能力的发展。优秀的古诗词将文学的意境美、音韵美、哲学美等融为一体，具备了特殊的文学艺术的美学价值，学生能够在古诗词的海洋中感受历史和人文带来的精神乐趣。例如："鸟宿池边树，僧敲月下门""明月松间照，清泉石上流""横看成岭侧成峰，远近高低各不同"等等，既是对诗人所处环境的描写，也是诗人心灵的一种体现。这些优美的诗词中体现出来的是诗中有画、画中有诗，诗中有情、情中有诗的文学素养。中小学生在学习这些优美古诗词的过程中，既能感受诗词带来的文学美，又能带来内心深刻的启迪。因此，我们可以说中小学古诗词的教学就是一种审美素质提升的教学过程。"诗以明志"就是中小学生通过对古诗词的学习，有效地扩展其领会文学艺术的能力，让其获得更高层次的领会艺术品的美的感受，从而全面提升其审美水平。

中小学古诗词教学有利于中华传统文化的传播与传承。在中小学古诗词教学的过程中，教师通过结合古诗词中的文化阐述、历史讲解等途径，实现对中小学生认知能力、历史了解能力、文学修养等的提升。古诗词作为我国古代诗人思想与文学的结合，很多优秀的古诗词里面体现出了中华民族的精神文化。中小学生通过学习这些优秀的文化，既可以感受中国诗词文化的优美与伟大，又可以提升其对民族和国家的热爱。古诗词教学对促进中华传统文化的传播与传承，塑造中小学生的爱国情怀有着重要的意义。

当代教育应该从诗教的高度重新认识诗歌在语文教学中人文教化的作用，让我们的学生从大量的经典诗歌的诵读中获得情感的陶冶、胸襟的拓展和审美感悟。这对于我们培养具有一定的语文素养、健全的人格和全面发展的人才，是具有重要而深远的意义的。

第四节　吟诵是古诗词教学最佳方式之一

诗词是一种特殊的文体，它不同于小说、散文、戏剧等，它有着自己独特的表达方式，尤其是中国古代的诗歌作品，是历经几千年流传至今的伟大创作，是先人智慧的结晶，它音韵和谐优美，朗朗上口，它语言简洁凝练，意蕴丰厚。中国古典诗歌是语文课堂教学中不可或缺的教学文本，吟诵是教学法，用吟诵法来学习古诗词，简单方便操作，轻松饶有趣味。诵读中华经典，不仅可以帮助学生打开诗词大门，体会文化精髓，弘扬中华民族传统文化，领略古诗词吟诵中文字的美感和韵味，而且能够体会古诗词内涵，感受古诗词魅力，在理解的基础上记忆。利用吟诵法还可以让学生由枯燥而生乐趣，学习由被动而变主动。帮助学生在理解的基础上记忆，在记忆的促进下更深入地理解，增强古诗词教学的实效性。

一、以吟诵推动古诗词意境再现与深化理解

（一）用心吟诵

在常规的古诗词教学中，语文教师一般都是通过"学生读—教师讲—逐句翻译—背诵默写"这样一个比较固定的教学模式来展开教学的。这种教学方法太重功利性，先是过分地关注诗词中字词的理解，再将教师单一的情感体验强加给学生，忽略了对古诗词的节奏、音韵和意境的领悟和欣赏，丧失了学生对诗词内容的多样性的理解。致课堂干涩，教师教得乏味，学生学得枯燥。若是通过吟诵教学方式，逐步推到意境再现，然后强化理解，则可以提高古诗词教学效率，改善古诗词教学效果。古诗词浓缩了中华民族几千年的文明成果，也是华夏文化的精华，通过用心吟诵，能使学生感受到语言精粹、结构简明、意

蕴丰富的古诗词内涵，进而感受中华文化的博大精深，这正是学习古诗词的真正目的。

"自古汉诗皆吟诵"，是说古诗词都是那些古人们吟出来的，而不是"写"出来的。熟读唐诗三百首，不会作诗也会吟。很多专家学者都十分推崇在古诗词教学中以吟诵为主的教学方法，当然，中小学语文教学中的诵读和品味古诗词的吟诵还是有区别的。

吟诵才能展现古诗词的美。古诗词的节奏美和音韵美，只有凭借吟诵这种形式才能体现出来。教师在整体把握诗词的感情基调的基础上，读出节奏，读出韵律，或慷慨激越，或浅唱低吟，一字一腔，吟诵得有眼有板，虽说不上婉转，但也自有音乐旋律的味道。王崧舟老师提出"会心吟诵得其韵"，朱光潜先生也曾说：一切艺术的灵魂都是节奏。对于其他的艺术我算是门外汉，但就语文中的古诗词学习而言，要是没了吟诵，少了和谐的节奏，也就没有艺术性了。你看那短短的几行，横竖也就二三十个字，能让学生说出什么好来呢？

吟诵才能理解诗人的情。诗词是古人用来宣泄他们丰富思想情感的形式。它们或抒发对眼前美景的赞颂，或吟哦失意落泊的惆怅，或表达送别友人的眷念……但这一切情感都能通过或高或低、或快或慢的吟诵，淋漓尽致地表现出来。引导学生正确、准确地吟诵，能够让学生很快地与诗人产生心灵的对话，从而产生情感的共鸣，那千百年的时空距离，也就不再是中小学生学习古诗词的阻碍了。

（二）意境再现

在中小学阶段的古诗词学习中，语文教师要教给学生什么？传统教学中会重视字词的古今异义，对关键语句的翻译，这体现了语文的工具性，却忽视了语文的人文性，主要问题是那样会将诗词美好的意境弄得支离破碎。古诗词教学的目标之一，就是要把诗词所蕴含的意境能在学生头脑中再现出来，让学生感觉得出诗词真实的情感和美的魅力。"画是无声诗，诗是有声画"。诗人总要借助某一特定的景象来表达情感，那"画"就是诗词里面所蕴含的一种情景，一种意象。现在学生使用的教材基本都是彩色版，很多课文配有相应的插图，指导学生去欣赏古诗词所配图画，就能很好地帮助学生在头脑中对诗词的意境建立一个画面，促使其理解诗词所包含的意蕴。

把握诗词中的景和物。诗词的语言凝练，字字千金，容不得半个废字出现，那里面出现的具体的东西，都饱含着诗人的情感。因此，诗词中出现的景和物都不是普通的景和物了，在诗人眼中，那景那物，都是有灵性有生命的。如《咏柳》中的碧玉、丝绦、细叶、剪刀，都是诗人情感的载体。《游山西村》中的腊酒、鸡豚、山重水复、柳暗花明，既是诗人眼前的实物，又是诗人借以抒发感情的意象。

展开联想和想象，再现诗词意境。现代化教学手段和多媒体的广泛运用，使得古诗词教学更加直观，更容易突破时空的限制，但在教学中不能把多媒体作为依靠，更需要学生在吟诵的基础上，结合诗词中的意象，展开联想和想象，在头脑中生成一幅幅独特的画卷。也就是说，教材上的插图是相同的，多媒体展示的内容是一样的，但在学生头脑里生成的画面却不是千篇一律的，因为每个学生体验不同，一般都会有自己的独特见解。这一结果也许不完美，但这一过程却很重要，这是一个"澄心直观得其象"的过程，只有在这一过程中，学生才能领悟到诗情画意，仿佛人在画中游，乐此不疲。

（三）深化理解

学生学古诗词，是否要他们去学习写作远离现代文明的那一种文学形式？显然不是。学习古诗词，除了解中华古代文明成果外，更主要的目标是丰富学生的内涵，提升他们的文化素养，增加文学积淀。这不仅是一个长期内化的过程，而且还有一个量的积累，由量变促成质变的过程。要实现这一目标，光凭教材中有限的几首诗词是远远不够的，还需要教师引导学生迁移延伸，博览广取，深化理解。

语文教材因容量所限，每册录入的古诗词不过四五首，十二册总共才六十余首，这对于实现课程标准的目标是很不够的。这就要求教师在教学一首古诗词后，在浩瀚的诗词海洋中选取适当的作品推荐给学生，要么是同一诗人的，要么是情感一致的，要么是内容相关的，以丰富学生的诗词量，来培养他们的语言感悟能力和欣赏能力。如学习李白《黄鹤楼送孟浩然之广陵》后，可以引导学生自学他的《送友人》，以更好地理解诗人送别友人的那种依依不舍之情。

在古诗词的学习中，要调动学生的各种感官。对于中小学生来说，"心明口不明"是学古诗词的通病，而语言延伸训练就是治疗这种病的一剂中药良方。这药方就是叶圣陶老先生所倡导的：用耳倾听，用眼观赏，用嘴吟诵，用脑想象，用心感受。具体地说，就是让学生在理解的基础上，选取一句诗，甚至一个字来展开想象，还原诗人的所见、所想、所感，并用语言表达出来。这种训练既可以避免对诗词"千人一面"的理解，又可以活跃学生的思维，更重要的是有针对性地加强了对语言感悟能力的训练，能很好地提升学生的语文素养，这也算是吸收民族文化智慧了。

二、古诗词吟诵教学方法具体应用

吟诵是传统诗词文赋的诵读方式，不仅如此，它还是创作方式、教育方式、修身方式、养生方式，是汉文化的意义承载方式和传承方式，它是中国式读书法。吟诵是吟和诵的组合词，语境不同而含义不同。"吟"有两个意思：一是声调抑扬地念，一是指作诗、写诗及推敲字句，均为引申义；"诵"是指背诵和朗读，为本义。因此，"吟诵"不单指声调抑扬顿挫地诵读，它是一种欣赏方法，通过吟诵的方式来欣赏感悟中华传统诗文的声韵含义；它还是一种学习方法，借助吟诵来探究古诗文是如何遣词造句，从而简洁生动地表现除了圣人先贤们的精神真谛、感性心得；它更是一种创作方法，吟诵是对古诗文的一种再创造，在学习的过程中，不同的人有不同的感悟和收获，可以是用声音来再现，也可以是用文字来表现。

课堂，是教育教学改革的主阵地，吟诵的传承与发展不能仅仅局限在课外的活动和学生兴趣的培养中，将古诗教学与传统吟诵相结合才能真正让学生掌握吟诵的方法，感受吟诵的魅力，所以，课堂应是进行吟诵传承的主要阵地。为此，我进行了一些尝试，针对中小学古诗教学的特点，结合古诗词吟诵法，将古诗教学活动基本划分为四个活动板块，也称之为"古诗四读法"。

古诗吟诵教学的具体操作：

（一）诵读——读出节奏

此环节让学生以诵读的方式读出诗的节奏，能够做到依字行腔、平长仄短，标出需要文读的字和入声字，通过反复诵读，读出长短、轻重、快慢，感受诗歌节奏的美感。教师可以用符号对古诗的平仄进行标注，以便学生掌握，经过一段时间的训练，学生拿到一首新诗，自己也可迅速标注出平仄，进行诵读练习。例如用横线标出平声字，竖线标出仄声字，点加在入声字下面等等。

（二）探读——读出理解

此环节让学生根据诵读时声音的长短、大小、轻重，谈出对诗句中文字的理解，重点可以关注拖长音的字、入声字和韵字。可分为以下几种情况：

第一，关注平仄：既然我们要求学生按照平长仄短来读，入声字又强调读得促、短，我想就有必要引导学生探究这么读的目的，让学生通过声音来探究文字所传递的意思，感受所隐含的情感。

第二，关注韵字：正如徐教授曾经举过例子《登鹳雀楼》，我们一直认为这首诗是积极向上的，奋发图强的，表达了盛唐气象。但关注到这首诗的韵字，就会有不同的理解和感受，这首诗用的是"ou"韵，这个韵通常用来表现愁闷的情绪。如愁、忧、流、秋、休等，基本没有一个是积极向上的词。所以，关注韵字也能帮助学生正确地理解古诗所传递的情感。

第三，关注开闭口音：例如：古诗《咏柳》。

古诗解析：这首诗的美感，不易被我们捕捉，这首诗的美不在于写出了春天的特点，也不在于用上了形象的比喻手法。正如孙绍振教授的观点，贺知章是以一个男性的视角来观察柳树，眼前的柳树如同一个婀娜的少女，柳树的柔嫩与娇媚才是这首诗的最大亮点，这是从文字解析的角度来理解的，比如"碧玉"一词让人联想到小家碧玉，"妆"字让人联想到少女梳妆的迷人，"丝绦"是丝织品，"裁剪"在古代属于女红。所以贺知章笔下用了大量的和少女有关的词语，可见这首诗最大的特点就在于贺知章写出了柳树的娇柔、细嫩，如一个美丽动人的少女一般迷人，但这样通过文字来理解整首诗的特点，来感受诗歌的美，却是我们这样的普通老师不容易做到的，也更难在教学中引导学生去理解、去感悟了。

但是，如果我们采用吟诵的方式则不难感受到整首诗的基调和特点。通过反复诵读，特别是在我标出了开口音和闭口音之后，我豁然开朗，整首诗28个字，19个字都是闭口音，9个字是开口音，特别是我们公认的千古名句"不知细叶谁裁出，二月春风似剪刀"两句中只有"裁""剪""刀"三个字是开口音，其余的字都是闭口音，闭口音的发音低沉，多用来表达细腻、悠长的情绪，想想贺知章笔下的柳树不正是如此吗？这不是苍劲有力的柳树，而是如同少女般婀娜迷人的。吟诵时，多是闭口音的字，自然我们的声音就会变得细腻、悠长。所以，我们不需要把古诗中的一个个字进行剖析，仅靠声音也可以判断出整首诗的基调，用诵读的方法就体会出作者的情感，而且是在潜心涵泳之间慢慢体会，慢慢感悟，将诗歌中的情感通过声音这个媒介慢慢融入自己的情感。

（三）吟读——读出韵味

听调：学生起初接触吟诵时难有自己的吟诵调，毕竟这种诵读方式对于现在的孩子来说比较陌生，所以从模仿开始，老师先进行示范，或者播放吟诵录音，让学生来听。

学调：在熟悉了所听的吟诵调之后，学生进行吟诵尝试，能够做到不倒字，平长仄短。

创调：通过一段时间的训练，学生有了一定的吟诵基础，可以根据自己对诗歌的理解和体会自编吟诵调。

（四）比读——读出精妙

在这个环节中，教师可以找出同类型的古诗，让学生进行比较，可以从"主题、情感、特点"三个方面感受诗歌的精妙之处，钟尚钧先生在《读诗与写诗》一书中曾说道："如果自己观察和体会到的内容，跟别人早已写过的差不多，就必须重新构思，寻求新的表现角度，写出新的感受。须知，艺术是贵创造而忌重复。"所以让学生通过比较的方式来感受每首诗的风格、特点以及精妙之处。在进行了一番比较之后，学生吟诵时就会对这首诗有更深的感受和理解。

传统的古诗教学，学生采用朗读的方式读诗，在理解诗意、感悟诗情方面通常采取的方法是"因文释意"，也就是在教学中引导学生抓住诗句中的关键字理解、咀嚼、品味，在理解了难字之后，学生逐句翻译。如此一来，诗歌的美感荡然无存，学生自然无法感受到诗词的魅力所在。古诗吟诵教学采用的方法则有所不同。学生用吟诵的方法学习古诗，就将诗句的声音和意义进行联系，学生在体会诗情、理解诗意时就不再是"因文释意"，而是"因声探意"，通过探究诵读时声音的长短、高低、大小、轻重等，让学生在脑海当中浮现画面，通过富有节奏的吟诵把学生带入到诗境当中，正如曾国藩曾谈到对古人的诗文"非高声朗诵则不能得其雄伟之概，非密咏恬吟则不能采其深远之韵"。

第二章

童真发稚音
吟唱寻诗趣
——小学古典诗词吟诵教学的知与行

儿童是天真的，他们喜欢吟唱诗歌，因为诗歌有节奏，有音韵。古典诗歌本身拥有良好的节奏感与韵律感，非常适合儿童进行吟唱吟诵。传承中华诗词文化，最终还得从娃娃抓起，当我们的小学生都热爱古诗词，对古诗词感兴趣的时候，中华诗词文化就会复兴，诗词文化中蕴含的文化精神养分，对小学生成长也有不可替代的价值与意义。

第一节　小学生古诗词吟诵教学价值与方法

就学生本身而言，吟诵这种学习古诗的方式，是符合小学生的心理特点的，小学低年级的学生的心理特点主要表现在以下几个方面：首先是在感知方面，小学低年级学生的目的性较弱，随意性与情绪性较强，容易忽略细节；在注意方面，主要以无意注意为主，注意力不能持久，常被活动的、鲜艳的、新颖的、有趣的事物吸引；在记忆方面，机械记忆占绝对的优势，不善于理解识记，记忆的东西容易遗忘淡化；在想象方面，以表象想象为主，不能进行较复杂的迁移联想，一般限于具体情况；最后在思维方面，形象思维占绝对优势，抽象逻辑思维较弱。而针对小学低年级学生这样的心理特点，具体可采用与之相适应的教学策略，即形象、直观的教学策略，不对词意及诗意的理解做过细要求，要多读识记，感受音节的和谐整齐，初步感受到情感色彩。吟诵这样一种古诗教学方法，正是利用了古诗的音调韵律这一特点，对于小学生来说，吟诵的方式更能让学生感受到古诗音节的韵律和谐，帮助学生记忆古诗。学校创办了古诗吟诵兴趣班，参与教学的小学生对于这样一种学习古诗的新方法感受很好奇，又对它充满兴趣，在学习吟诵的过程中充满欢乐，学生们喜欢这样一种"寓教于乐"的学习古诗的方式。学生们经常在学习吟诵古诗的课后，与同伴在一起交流吟诵古诗。

一、小学生古诗词吟诵教学的价值

（一）激发兴趣，驱动学习欲望

吟诵最直接可感的教学价值正是体现在对学生学习兴趣的激发。这种激发效用的产生，主要来自于吟诵的音乐特性。吟诵时，语言的音乐因素包括声调、押韵和节奏得到进一步强化和突出，使吟诵者从精神上与这种声音形式本能地形成共振，形成愉悦感，同时也可能伴有对特殊声音形式的新鲜感，进而出现了学习的需要。我在实践教学中借助"吟诵符号"教会了学生吟诵古诗，让学生在吟诵中理解古诗。在这样的古诗教学课堂上洋溢着欢笑，不仅活跃了课堂气氛，而且调动了学生的积极性，更重要的是改变了学生的认识，原来与古诗相契合的读书方式不是朗读，而是吟诵。吟诵不仅开启了学生学习和体悟古典诗词的大门，而且也提升了学生对中国古典诗词的兴趣和求知欲望。

当代小学生一到六年级必背古诗词总共加起来大约有两百首以上，小学生每天不但要学习教材中的基础知识，还要背诵一定量的古诗词。通过总结日常生活中的经验得出，人们记忆一首歌词时要比记忆一首诗容易得多，原因同罗扎诺夫音乐理论提出的观点一致，即在记忆一首歌词时，人类的左脑和右脑都在运作，并且人类在记忆旋律的同时也加深了对歌词的记忆，这使得记忆一首歌词比记忆一首诗的速度要快。古诗词吟唱便是调动学生的左脑和右脑一起运作，提高学生的背诵效率，学生在背诵过程中获得了成就感才会更有兴趣背诵更多古诗词。小学阶段的学生对新鲜事物有着强烈的好奇心，古诗词吟唱作为一种新颖的学习方式，会使他们更认真地学习古诗词，从而产生对古诗词更浓厚的学习兴趣。

（二）增强理解，掌握基础知识

汉语语言文字是音形义的结合的一种文字，所以我们在学习古人的作品时，并不能仅仅通过文字去理解，那样的做法是流于片面的。古诗是古代诗人为了抒发自己的情感表达自己的志向而创作的，单单是通过现代文的学习方式——朗诵是无法体会到古人在诗中所蕴含的丰富内容的，需要凭借吟诵这种方式来连接古诗与学生。我依据自己的古诗吟诵学习经验以及古诗吟诵教学经验总结，吟诵是一种需要调动多种感官才能进行的诵读方式，学生在吟诵古诗的不知不觉中逐渐加深对诗歌内容的把握。

叶圣陶在《文心》一书中提到过："吟诵就是心眼口耳并用的一种学习方法，吟诵的时候在不知不觉之间，内容与理法化为读者自己的东西，这是可贵的一种境界。"现代小学古诗教学，把古诗当作考试的知识去讲解去机械地背诵，对作品理解肤浅，学生对作品的体悟不够深刻，更不用说让学生获得情感的体验了。诗词是具有"兴发感动"的力量的，而吟诵的学习可以帮助激发诗歌的兴发感动力量。我在借助吟诵符号教学生吟诵古诗时，将吟诵的基本读法和规则内化为符号，更容易让学生掌握如何吟诵古诗。在最初给学生上课使用吟诵时，学生并不理解什么是平仄，什么是押韵和节奏，通过教学学生不仅掌握了这些概念而且能够很好地运用吟诵符号进行古诗吟诵，在吟诵古诗中体会到古人创作诗词时所注意到的平长仄短、入短韵长等规则，而且在平仄相间的抑扬顿挫之美和韵脚带来的回环往复的音乐之美。久而久之，这些都不仅仅是知识一般的存在，通过不断地吟诵这些都会内化为学生的基本素养，了解古人创作诗歌的规则，从而达到运用这些知识创作属于自己的诗歌。

（三）深化体悟，提高鉴赏能力

当诗词被肢解成具体的知识成为记忆的对象，而不是欣赏的对象时，其文学价值和美学价值便大打折扣。古代诗歌是古代诗人"心绪"的产物，是古人情志寄托的重要载体，它的最大特点是情感性，古人最初创作诗歌是根据平仄韵律吟诵而来的，充分利用了汉语的声音特点。吟诵是我们后人学习诗歌体悟诗情的重要媒介。学生在吟诵中体悟作品中情与景的交融，情与志的升华，既丰富了读者的内心情感和世界，也加深了对诗人对作品的深刻体悟。

学习古诗词最重要的是体会诗人表达的感情和古诗词的精神内涵、审美意蕴，从古诗词的文字描写中想象画面。由于古诗词创作的年代距我们当今社会已有久远的历史，所以小学生对于古诗词创作的历史背景，没办法产生身临其境的感受。"诗以其有声律讽咏，能使人反复吟咏，以畅达情思，感发志气"，吟唱者经过多次的吟唱可以通其情理之意，与作者产生情感的共鸣。在古诗词教学中，学生通过吟唱的方式，可以融入到古诗中，体验诗人所传达的情感，进而想象诗歌所传达的意境、画面体会作者抒发的情感。其次，古诗词有其独特的韵律美、押韵美及节奏美，在教学过程中结合古诗词的风格配上合适的背景音乐，让学生在聆听的过程中感受古诗词独特的韵味，帮助学生提高鉴赏古诗词的能力。

（四）强化记忆，增进诗歌思维

学生通过什么方式来背诵古诗？大多数学生都表示自己平时背诵古诗都是通过一遍一遍地朗诵，或者还有的学生表示自己是通过在心里默背的方式。朗诵是一字一拍，虽有轻重缓急，基本是匀速，读起来单调乏味；默背调动的感官比较少，背诵时的效果并不明显。而吟诵与前两者不同，它根据汉语语言特点发声，符合古诗文创作和诵读规则，是带有旋律的，它流畅富于变化，具有音乐性。吟诵帮助学生更好地理解作品，在理解的基础上记忆古诗文是事半功倍的。吟诵古诗有助于增强学生对古诗的记忆，不仅仅能够以实际教学实践为依据，同时也是经过科学验证的。

学习中文时，唱咏法对记忆最有效。至于增进理解及逻辑思维，则韵律诵读法最为有效。因此，如果我们能够合理地使用吟诵这一方法进行小学古诗教学，对于学生记忆古诗是有很大的帮助的。

（五）丰富方法，提高教学效率

在语文教学中一直有这样一句话：教无定法，笔者的理解是教学是没有固定的方法的。在小学古诗教学中常见的教学方法有：诵读法、多媒体教学法、补扩法、想象创作情形法、比较法、调换法、表演法、绘画法和歌唱法。而据我对小学古诗教学中教师使用教学方法的调查，大部分教师在进行古诗教学时通常使用的方法是诵读法。诵读法有点像朗诵法，不同于吟诵法，学生一字一拍地读，教师缺乏对学生诗歌朗读的指导，对于现代学生来说，从最初学习古诗学到的就是诵读古诗，因此认为，对于没有接触过吟诵的学生来说，诵读是学习吟诵的基础，教师应在古诗教学中掌握诵读指导的基本方法，教学生如何诵读古诗。

除了诵读法，教师使用最多的教学方法是多媒体教学法，通过多媒体展示与古诗教学相关的图片、音频或者视频，激发学生的学习兴趣，有助于学生直观地理解诗意，但是这一方法的运用要适当，过度地使用会限制学生的想象力和独特的诗歌体验。吟诵运用到古诗教学中在目前的小学古诗教学中并不多见，但是仍有许多一线教师进行实践的探索。吟诵的使用不仅改善了小学古诗教学现状，而且也丰富了小学古诗教学的方法。

（六）符合课标，改善诗歌教学

《义务教育语文课程标准（2011年版）》中关于古诗词的学习要求，第一学段（一、二年级）"诵读浅近的古诗，展开想象，获得初步的情感体验，感受语言的优美背诵优秀诗文50篇（段）"；第二学段（三、四年级）"诵读优秀诗文，注意在诵读过程中体验情感，展开想象，领悟诗文大意。背诵优秀诗文50篇（段）"；第三学段（五、六年级）"诵读优秀诗文，注意通过语调、韵律、节奏等体味作品的内容和情感，背诵优秀诗文60篇（段）"。通过对课程标准的解读可以总结出，古诗词的学习要将教学重点放在"情"和"思"上。将教学重点放在"情"和"思"上要求学生学会对诗词的鉴赏，这正是吟唱带给学生在学习古诗词方面的益处。通过吟唱的方式加深学生对古诗词的理解，体会作品中的"情"与"思"，初步学习鉴赏古诗词，做出自己的判断和评价。

课程标准还提到要"通过语调、韵律、节奏来理解作品的内容、体会情感"，古诗词吟唱时注重的便是诗句中的语调、韵律和节奏，通过吟唱的方式可以对理解作品内容和体会作者情感起到辅助性的作用。课程标准总体目标还提到要弘扬中华丰厚博大的文化，汲取民族文化智慧。古诗词作为中华传统文化的瑰宝更应该被弘扬和发展，现在有很多诗词都选用地方性的小调作为曲调来吟唱，学生在学习古诗词的同时也可以了解地方性民间的相关文化，更好地实现了课程标准中汲取民间文化智慧这一要求。

（七）逐步递进，优化教学效果

"吟诵"不同于一般的朗读，朗读虽然有节奏感，但缺乏悠扬起伏、悦耳动听的旋律；但"吟诵"也不同于歌唱，"吟"在行腔使调上表现出一定的随意性，节奏的快慢和字音的高低可以灵活处理。因此，吟诵是介于诵、唱之间的一种读诗方式，相当于一种较为自由适意的清唱，教学中有一定的难度。吟诵法与四个不同的教学环节结合，这四个教学环节分别是：把握诗句节奏；理解诗意；想象诗境；表达诗情。四个环节逐步递进，诗词教学效果得到改善。

环节一：初读感知时，读准字音。

古诗词中多有生僻字、多音字、通假字，对于这几类字，在学生初次感知诗词大意时就应及时提醒或纠正。如《敕勒歌》中"风吹草低见牛羊"中的"见"字，是通假字，读xian，与现代汉语中的"现"相通，是"露出、显露"的意思，不读jian。再如《泊船瓜洲》一诗中，"间""数""重""还"等都是多音字，学生阅读之初，教师就应向学生指明，以免影响学生对诗意的理解。

环节二：再读理解时，读出节奏。

古诗词的音乐之美源于平仄的搭配、节奏的停连、韵律的悠扬，所以读起来会朗朗上口。学习古诗词首先要学会断句，准确掌握诗句中的停顿，这对理解诗句的大意和培养学生阅读古诗词能力大有帮助。在教学中，要训练学生把握古诗词的节奏形式。一般来说，按表音节奏划分多，按表意节奏划分少。四言为"二二"节奏，如"蒹葭/苍苍，白露/为霜"。五言有"二二一"节奏，也有"二一二节奏"，如"床前/明月/光，疑是/地上/霜。举头/望/明月，低头/思/故乡"。七言有"二二三"节奏，也有"二二一二"节奏，如"远上/寒山/石径斜，白云/深处/有人家"，再如"两个/黄鹂/鸣/翠柳，一行/白鹭/上/青天"。同时，指导学生把诗词的韵脚读得响亮而稍长，这样，既能朗朗上口，又可以音韵优美。

环节三：想象画面时，诵出意境。

学习古诗词，必须入境悟情。然而，古诗词虽然都是"缘情"而作，但大多言简意丰，含蓄蕴藉，时空跌宕，跳跃腾挪，非想象不能领悟其意境、意趣。教学中，通常要引导学生通过联想和想象，将古诗词的文字符号转换为具体的场景并尽量用自己的语言加以描述，从而在头脑里再现诗人所描绘的情景，理解诗人所要表达的感情。古诗词浸润着作者的审美意趣，多借景抒情、凭物写志、咏史寄兴、即事感怀，又多用映衬渲染、虚实相生、动静互见、拟人比喻等手法，这些更需要引导学生去联想和想象、去显现诗歌所描绘的具象。如学习《江雪》一诗，在指导学生读懂诗句大意后，可以借助图画，引导学生想象漫天飞雪，千山披白的寥廓凄清的背景，想象出一叶孤舟上，一位老者身披蓑衣、头戴斗笠，顶风冒雪，凌寒独钓的画面，从而感受一颗虽几经打击、几度浮沉仍痴守节操的坚强灵魂。在此基础上，引导学生一边想象画面，一边出声朗诵，让学生进入一种声情并茂的佳境。

环节四：因声求气时，吟出乐感。

当代古典文学研究专家钱仲联在《梦苕庵论集》中论及古典诗词的鉴赏时，强调必须抓住两个关键：诗词的"声"与"色"。所谓"色"，即诗词的文采与藻饰，诗人通过修辞设色，描绘生动的形象，增强言志抒情的作用，将读者引入丰富美妙的意境。而"声"，即诗词表现于格律之中的声调和章节，这不是视觉所能接触到的。要领略诗词的音乐之美，必须使用"吟诵"的方式。

二、小学生古诗词吟诵教学方法具体应用

（一）课堂导入环节诗词吟诵教学法的具体应用

在古诗词教学中，由于古诗词有悠远的历史，学生无法身处在当时的背景下，在感悟作品时会遇到困难，所以古诗词教学的导入环节极为重要。教学导入环节是一堂课的开始，在导入环节，教师应当采取多种方法来让学生融入到古诗词的意境中，感受诗人创作时的心情。

1. 因声入境

学生能够融入到作品的意境中是学懂这首诗的前提，只有让学生身临其境才能做到感同身受，所以在古诗词教学的导入环节让学生融入到作品的意境中是教学的重点。以《送元二使安西》一诗的教学为例，该案例是在小学五年级进行授课的一首古诗，在这首诗的教学中将吟唱法运用到了教学的导入环节中。这首诗是诗人王维与朋友惜别时所作，作品的前两句写出了事件发生的时间、地点和环境，清晨的细雨、渭城的浮尘，青砖绿瓦的旅店、周围的柳树……这些场景为告别营造了一种忧郁的氛围。在教学的导入环节若是能够让学生融入到当时的情境中去便能感受到诗人当时的心情。后两句是写作者与友人离别时的心情，既有对友人离去的不舍之情，又有对友人未来生活的祝愿，对于作者来说让友人再喝下一杯酒不只是借酒送情，更是为了将离别的时间向后延宕，作品语言简洁，传达的情感却让人伤怀，道出了每个人在送别友人时的不舍之情。在对这首诗进行吟唱教学时，利用多媒体课件来播放古琴伴奏，教师跟随伴奏来吟唱这首诗，用音乐激发学生的感知，将学生带入到当时的情境中。五年级的学生对于友情已经有了自己的认知，在校园生活的大背景下都有各自的好朋友，也体会过与朋友惜别时的心情，所以在这首诗的教学中，为了让学生将自己带入到与朋友惜别的场景中，在导入环节加入了古诗的吟唱。在进行吟唱教学时加入古琴配乐伴奏，让学生在欣赏教师吟唱的同时融入意境，想象画面，让学生有了身临其境之感，既活跃了课堂气氛，也为学生提供了想象的空间。通过分析学生的课堂表现可以看出，学生领会到了教师吟唱时

悲伤的感情，并在教师的引导下脑海中浮现出友人惜别时的场景。课下同教师交谈得知，以前教授这首诗按照的是传统的古诗词教授方法，先让学生读古诗然后再讲解古诗的大意，但在第二天复习的时候很多学生便已经忘记了这首诗传达的意境，甚至这首诗表达的思想感情也有很多学生不清楚，通过本堂课运用吟唱的方式教学，发现学生竟然能很快地总结出这首诗传达的思想感情，由此可以看出吟唱法融入到这首诗的教学中发挥了积极的作用。在这首诗中，作者传达的是对友人的不舍之情，在吟唱时配上古琴伴奏的音乐，当时愁郁的氛围一下被烘托出来，再加上教师有感情地吟唱诗句，学生自然而然地便融入到了当时的场景之中，身临其境便能感同身受。

2. 因唱激趣

一堂课在导入环节便决定了这一堂课学生学习的态度和效率，只有调动起学生的学习兴趣，学生听课才能更认真，在古诗词教学中也不例外。为了让学生在一堂课开始的环节就产生浓厚的学习兴趣，在《九月九日忆山东兄弟》一诗的教学中加入了吟唱法进行教授。《九月九日忆山东兄弟》是三年级教材中的诗篇，该诗写出了诗人在外思念家乡的感情，这首诗在第一句便写出了诗人所处的境地，在外游历时，每当过节看到其他人都团聚在一起时，便更加思念家乡和亲人。这首诗是一首仄起七绝诗，在教学中选用了古法吟咏的方式进行教学。这首诗在教学时选用的是古法吟咏的吟唱方式，在吟唱时遵循了字正腔圆，平长仄短的规则，这种方式的吟唱，主要遵循汉语言文字四声的规则，要求吟唱者在吟唱时做到平长仄短，字正腔圆，并且这种吟唱方式多为即兴吟唱，对吟唱者的音乐素养要求要低一些。在这首诗的教学过程中，一开始学生积极性不高，为了调动学生的积极性教师便进行了吟唱，来吸引学生们的注意力，当学生听到教师吟唱第一句古诗时，学生的注意力便都集中起来专心听教师吟唱。通过这种方式学生增加了对学习这首诗的兴趣，在调动起学生兴趣后开始对古诗进行精细的讲解，并许诺学生，如果这堂课学生学习效果好，还会将这首诗的吟唱教给大家。通过吟唱这首诗为本堂课的教学带来了一定的帮助，首先，在本节课的开始加入吟唱活跃了课堂气氛，调动了学生的学习兴趣，其次，许诺学生如果本节课表现好的话便把这首诗的吟唱教授给学生，激发了学生的学习动机、提高了学习效率。

（二）课堂鉴赏环节诗词吟诵教学法的具体应用

鉴赏是指鉴别和欣赏作品的语言文字究竟美在哪里，鉴别和欣赏作者传达的感情深刻在哪里。在对古诗词的鉴赏中主要有两个方面：一是领会诗情，二是获得审美体验。古诗词教学的鉴赏环节中，通过对作品的多次吟唱可以让学生感受古诗的诗情，从而获得审美体验。

1. 初次吟唱感受诗情

以《望洞庭》一诗为例，这首诗描写的是洞庭湖的美景，诗的前两联描写的是水波不兴的湖面，后两联描写的是郁郁葱葱的君山，作者用巧妙的语言和修辞手法将洞庭湖美丽的景色描绘出来。短短几句诗，便把洞庭湖的景色描写得如此生动，学习作者语言文字运用的魅力和表达的诗情是学习这首诗的重点。在教学中将古诗词的吟唱作为鉴赏环节的一部分，吟唱时用不同的语调和对个别词句延长吟唱，让学生在聆听教师吟唱的过程中体会作者传达的感情，教师模范吟唱后又带领学生一起吟唱这首诗，学生通过自己对这首诗的吟唱更深入地体会了作者传达的感情，这是朗诵法达不到的效果。小学生自控能力比较差，学习任务又变得繁重，所以在教学时应该注意方式和方法，让学生快速理解作品表达的情感。吟唱时将每句诗的最后一字延长，在音乐的角度来讲是起到强调的作用，在古诗词学习的角度来看便是突出体现作者表达的感情，并且在吟唱时，教师还配以与这首作品风格相符的背景音乐来烘托氛围，学生在这种氛围下自然而然地领会到了诗人表达的感情。《望洞庭》这首诗的教学中让学生总结作者对于洞庭湖的热爱之情对于学生来说并不难，难的是让学生通过体会作者创作时的心境再感悟诗情，在教学中加入吟唱的环节，让学生和诗以歌，诗人表达的感情通过歌唱的形式自然而然地流露出来。

2. 再次吟唱获得审美体验

一首诗之所以让人觉得写得很好是因为诗人在创作时运用的语言文字十分精妙，为了让学生获得审美体验，在教学中便通过吟唱的方式让学生感受作品语言文字的精妙。在《望洞庭》一诗的教学中，学生在经过初步吟唱领会了作者表达的感情之后，教师又让学生再次吟唱从中感受作品的语言文字之美从而获得审美体验。在古诗词教学中，若让学生寻找古诗词中写的"美"语言文字，学生也是可以找出很多，但是经过观察发现，很多学生找出的词语大多是运用修辞手法的语言文字，很多学生认为修辞手法运用多的词语就是"美"的语音文字，或者是找得到精妙的语言文字却不能真正地感受到语言文字描写出的场景。教师在吟唱教学过程中，充分利用了多媒体设备，不仅有充满意境的背景音乐作为配乐伴奏，还有洞庭湖美丽景色的图片在大屏幕上闪现，通过刺激学生的耳、目、口、脑等器官集体运作，让学生从视觉和听觉上感受到了洞庭湖的美丽，再经过引导，同学们慢慢说出了洞庭湖美在哪里，而洞庭湖的美是作者通过文字描绘出来的，学生也就因此感受到了诗人所用语言文字的精妙。通过吟唱的方式让学生首先在脑中浮现出诗人描绘的画面，再通过想象的画面落脚到作品的具体文字中，学生便感受到了诗人的语言文字魅力。最后再和着伴奏，看着图片吟唱该作品，对诗人优美语言的感悟再次加深。

（三）记忆背诵环节诗词吟诵教学法的具体应用

很多教师认为古诗词的背诵不需要作单独指导，很多教师都是在课上将古诗词的知识讲明白之后，背诵任务留到课下去完成，下次上课时再检查学生的背诵效果。教师没有对古诗词背诵做指导，学生则只会采用熟读成诵的方式背诵古诗，这种枯燥的学习方式使得学生背诵古诗的效率很低，也渐渐使学生对古诗词的学习失去了兴趣，所以在古诗词教学中背诵环节的指导同样至关重要。

1. 提高背诵效率

在古诗词教学背诵环节，无论古诗词的篇幅长或短，提高学生的背诵效率都是重点，罗扎诺夫音乐理论提到通过与音乐结合的方式可以提高学习效率，减轻劳动强度。在教学中运用吟唱的方式可以提高学生的背诵效率，对于教学而言也可以使课堂变得更有趣。以在小学四年级教授的《凉州词》一诗为例，该诗是四年级上册的一首古诗，主要讲的是边疆将士开怀痛饮，尽情酣醉的场景，写出了将士们醉卧沙场的潇洒从容和愿意为国捐躯的爱国之情。学生记住了这首《凉州词》独有的旋律，再背诵时就不会与其他以凉州词为题目的古诗混淆，这种背诵方式也使古诗词背诵起来变得更有趣，还激发了学生的学习动机，使同学对古诗词背诵产生了浓厚的兴趣，并且吟唱这种方式让学生记住的不仅仅是古诗的内容，吟唱时的旋律也都记在学生的脑海中，对旋律的记忆和对诗词内容的记忆合并在一起是双重记忆，不容易被遗忘。

2. 检验背诵效果

古诗词背诵环节中对学生学习效果的评价也很重要，为了遵循教学评价科学性原则，在背诵时运用的是吟唱的方式，在检验学生学习效果时也应当通过吟唱的方式检验学习效果。教师在指导完学生背诵《凉州词》这首诗之后，由于时间关系，当堂课并没有来得及检验学生学习效果，而是在次日语文课堂上对学生学习效果进行了检验。老师用这种方式是想让大家不单单能记住古诗的文字，记住这首诗的旋律，也可以让大家区分开多首凉州词。古诗词中很多以边塞为主题的诗选用的题目都一样，例如出塞、凉州词等，在背诵时很容易让学生背混记错，在教学中通过吟唱的方式为题目相同的古诗增添了不一样的色彩，使学生在背诵时按照不同的旋律能够回忆起不同的作品。教师在检验学生学习效果时，运用吟唱的方式进行检验，这样就使学生对古诗词的记忆再一次得到巩固。人脑可以通过很多方式来获取记忆，但为了让记忆的内容不容易被遗忘，人们经常选择按照原来的方式再进行记忆，所以在进行古诗词吟唱教学过程中，背诵时运用了吟唱法来提高学生的学习效率，那在检验学习效果和复习时，也应该运用吟唱法，这样会使学生对古诗词记忆效果更好，遗忘的速度也越缓慢。

第二节　小学生古诗吟唱教学之趣味情感体验

古诗词作为中国传统文化的精华部分，具有多种表达方式，其中常见的有朗读、诵读、吟唱和吟诵几种方式。所有教师都能够做到在课堂上朗读以及引导学生朗读古诗词，但只有少数教师会让学生打着节奏诵读古诗词，极少数教师会教学生吟唱和吟诵古诗词。朗读法可以说是最为传统、最基础、最简单的形式了，在时光流传中一直生生不息，具有旺盛的生命力。对于古典诗歌来说，打着节奏诵读其实是一种更为有趣和有效的阅读方式。小学生天性活泼好动，注意力不容易集中，更适合有节奏地诵读。加之诗词具有节奏感和音乐性，还具有韵律美，通过打节拍的方式读诗词更容易感受其魅力，通过轻重缓急的表达也更容易理解和呈现诗歌的感情。在诗歌吟唱方面做得出色的文化节目也不少，其中，让人们印象深刻的首先是《经典咏流传》。古诗新唱，古今融合，不仅传播了经典的文化，还创新了传统文化的新形式。所以，教师不妨大胆地将这种方式引进课堂，使诗词更加平易近人，提高学生对诗词的兴趣，增强其对诗词音乐美的感受

一、古诗词吟唱教学增强韵趣，感受情感

（一）诵读吟唱，感知诗韵

一般来说，古诗词的读法有很多，既有不发声的读，也有发声的读以及唱诵。不发声的读可以叫作默读，与此相对的主要有朗读和诵读。当然，朗读和诵读虽然都是出声地读，但还是有区别的。对于一首诗词，一般是先让学生进行朗读，其次才是诵读。朗读通常是由"生"到"熟"的过程。对于一篇文章，朗读的要求多见于"读准字音，读通句子"。古人云："读书百遍，其义

49

自见"，意思是如果读书的遍数足够多，就能够有自己的见解和想法。这自是强调了多朗读对于学习的重要性，而诵读的要求则多是"读出节奏，读出韵律，熟读成诵"。南宋理学家、教育家朱熹先生曾经提出过流传后世的"朱子读书法"，其中有"熟读精思"一条，认为读书应该将读与思考相结合，要反复读，不断思考。朱熹先生还说："大凡读书，须是熟读，读熟了自精熟，精熟后理自见得。如吃果子一般，劈头方咬开，未见滋味便吃了；须是细嚼嚼烂，则滋味自出，方始识得这个是甜、是苦、是辛，始为知味。"因此，学生在古诗词的学习中，要多读，朗读，诵读，配乐读，打着节奏读，将内容读熟，读出韵律，读出感觉，从读中理解，在读中感悟。当然，只读不思考也是不可行的。闻一多先生也曾经说过："诗之所以能够激发情感，完全在它的节奏。"

古诗词是节奏感和韵律感特别强的文学体裁，语言凝练，韵律和谐。所以古诗词是很适合诵读的，一般来说，学生也能够在反复诵读的过程中感受到古诗词的节奏美、韵律美以及意境美。如《赠汪伦》一诗，节奏应该是："李白｜乘舟｜将欲行，忽闻｜岸上｜踏歌声。桃花｜潭水｜深千尺，不及｜汪伦｜送我情"。学生按照一定的节奏对这首诗进行反复诵读，更能够熟记和理解诗歌的内容，也能更好地理解诗人所要表达的情感，和诗人产生共鸣。在读诗歌时，既要注意诗歌节奏，还应该注意声调的轻重缓急，抑扬顿挫。在一首诗歌中，哪些字应该重读，哪些地方应该快读，都要掌握清楚。例如部编本小学语文一年级下册中的《静夜思》："床前明月光，疑是地上霜。举头望明月，低头思故乡。"其中，"床""疑"二字作为起承重点字，应该重读，"举""望""低"和"思"，四字为此诗中的重要动词，加之生动形象，也应重读。"床前""疑是""举头"和"低头"可快读，而"明月光""地上霜"和"思故乡"的节奏应该较为舒缓。以更好地感悟诗中意境，体会作者的思乡之情。

（二）创设情境，体会诗境

王国维先生在《人间词话》中说："词以境界为最上。有境界则自成高格，自有名句。"虽然他是对词进行的评价，但诗亦如此。情境教学的范围很广泛，教师可借助某些媒介创设一定的教学情境。如可借助实物和图像创设教学情境，也可通过一些活动和教师、语言来创设等。像挂图、实物图、音视频以及多媒体等的运用主要属于实物情境的创设。这种情境教学法的特点很明显，能够形象直观地对所讲解的知识呈现出来，表达出来。小学生的心智和思维能力尚弱，抽象思维能力有待发展，更适合也更倾向于此类情境。在小学古诗词教学中，教师可以通过情境的创设，调动学生的多种感官，让学生走进诗歌的意境中，品味诗句的美，体会作者的思想感情。如一位教师在执教《村居》一课时，不仅用多媒体呈现了"草长莺飞"的图片，呈现了"杨柳"的"拂堤"姿态，还带来了自己亲手制作的风筝，带着学生进入诗歌中的情境，使学生见景生情，沉浸其中。学生对于杨柳和风筝有了更直观、更深切的了解，对于春天的景物以及诗人喜爱春天的心情有了更加深刻的感悟。因此，学生的朗读效果大大提高，对于这首诗的理解也超出了教师的预设，令人叹服。在古诗词教学中，教师若能够为学生创设良好的教学情境，将学生带入教学情境中，可以引发学生对古诗词的学习兴趣，提升其审美情趣和审美能力。

比如一位老师在教授《山行》一诗时，用图片和引导性的语言为学生创设优美的情境。诗的首句是"远上寒山石径斜"，怎么能让学生理解诗意，把握情感呢？该老师给它配了一幅美丽的图画，然后提问学生："在这幅图上，你都看到了什么"，之后，教师用高妙优美的语言对此句进行了描述："这正是深秋季节，深秋时节的高山会是什么样呢？同学们可以想象一下，山上的树叶有深黄色的，有浅黄色的，还有红色的，真是五彩斑斓。山上还有一条石头铺成的小路，弯弯曲曲地向远方伸展着。多美呀！"在教师的引导下，学生自由畅游于深秋的小路上，悠闲地欣赏着那一片美景，感受着那一份惬意。在语言描述的同时，教师还让学生不断想象诗歌的画面，有利于培养学生的想象力和创造力，提高其审美鉴赏能力。《语文课程标准》中提道："阅读诗歌，大体把握诗意，想象诗歌描述的情境，体会作品的情感。"很多教师在古诗词教学中喜欢逐字逐句翻译，学生获得的知识是比较零散的，对诗词的理解也是浅层次的，这种做法是不可取的。教师在教学中应该引导学生通过各种形式的朗读，熟读成诵，然后给学生创设一定的情境，让学生认识和发现诗歌中的意象，感悟和理解诗歌中的意境，品味诗歌中的情感。

例如，某教师执教《山居秋暝》一诗，当讲到颔联"明月松间照，清泉石上流"和颈联"竹喧归浣女，莲动下渔舟"时，让学生找出诗人王维所用的意象。明确诗人用了"明月""松""清泉""石""竹""浣女""莲"和"渔舟"这些意象。之后引导其探究，这些意象让学生想到了什么？仿佛看到了一幅怎样的画面？学生通过对画面的想象，自然而然地进入诗歌，看到诗人所营造的清新、幽静的环境，入情入境，感受到诗人笔下山村生活的闲适与美妙。古诗词与现代社会相隔时间太远，多用古代汉语写成，对于小学生来说，理解较为困难。对于教师来说，最好的方法就是情境教学法，让学生入情入境，再引导学生发挥想象力，深入诗歌内部，深入作者内心，以达到一种良好的学习效果，在学生心底种下诗词文化的种子。当然，也有学者将创设情境进行教学的方法叫作"身临其境"。"身临其境"主要是指教师利用一定的教学资源，以学生为基础，将古诗词中的情境通过一定方式呈现给学生，使其能够亲自体会诗词中的情节，感受到人物的情感。身临其境更加符合小学生的心理特点，能够培养和提高学生学习语文的兴趣，有利于小学生的全面发展。如果教师在古诗词教学中能够让学生身临其境，亲身体会作者的所见所闻，那么学生很可能会与作者一样有所感，更能体会作者的心情和感受，教学效果一定会大大提高。例如，在学习《黄鹤楼送孟浩然之广陵》一诗时，如果教师能够带学生一起来演绎李白和朋友分别的故事，让学生们亲身体会一下诗人和朋友的依依惜别之情，感受这伟大的友谊，教学效果自然不言而喻。有条件的学校（离黄鹤楼较近）还可以带学生去黄鹤楼实地演绎，让学生对这首诗有更多的认识和理解，进一步培养和提升学生对于古诗词的审美鉴赏能力。另外，小学生喜欢听故事，尤其是有趣的小故事，教师也可以用通俗且生动的语言讲一讲李白与孟浩然之间有趣的故事，在创设情境的同时增加学生对古诗词的兴趣。

（三）合作探究，领悟诗情

基础教育课程改革一个十分重要的方面就是教学方式的变革，学生是语文学习的主体，是有主观能动性的人，它是具有一定认知能力的主体，而不是被动地接受知识的对象。随着新课程改革的不断深入，越来越多的一线教师尝试新型教学方法，以前传统的教师讲授法逐步与合作探究法相结合，发挥出更大的教学效用。传统教育法和新式教学法可以说是各有利弊，单独使用的效果大不如两者结合使用的效果，互相配合，各取所长，方是正道。研究者在对调查结果的分析中发现，很多老师对古诗词的讲解比较浅显，小学高段也是如此。学生们也大多认为自己仅对于诗词的意思有基本了解，而不能很好地把握其中的深意和诗歌中的文化内涵。当然，对于作者的思维和情感，他们也一带而过。其实，教师可以在课堂上充分调动学生的积极性和主动性，让全体学生都参与其中，乐于探究，主动学习。

例如，某三年级语文教师在执教《早发白帝城》一诗时，列出一系列问题让学生分小组自主探究。有的小组探讨李白是在什么样的情况下写的这首诗，介绍当时的历史背景；有的小组要在地图上找出白帝城和江陵的位置，并介绍这两个地方；有的小组通过观赏三峡的壮丽风光，画出这首诗的意境图。学生可以在规定的时间内自由活动，如到图书角和图书室查找资料等，集思广益，然后各小组派代表总结劳动成果并发表小组的见解。这样做不仅培养了学生的合作能力，还锻炼了其思维，使得整个课堂紧凑有效，教学效果大大提升。通过合作探究的方法让学生们自己去对诗歌内涵进行更深层次的理解，这比教师直接的灌输要高妙得多。但要注意的是，合作探究的方法只适用于小学中高段，不适用于一二年级的学生。这种方法不仅对教师的要求高，对学生的要求也比较高，低年级学生的理解能力和自律能力还比较弱，不仅达不到想要的效果，还会适得其反。

我听过一位二年级的教师执教《登鹳雀楼》，其中一个环节就是让学生小组合作，讨论诗人为什么要"更上一层楼"。也或许是老师的引导不到位，这样做的结果就是，整个教室一团糟，闹哄哄的，学生越说越兴奋，本来是两分钟的讨论时间，却拖到了五分钟，有的学生还乱答一通，根本没听清楚老师的问题。有的学生语言表达能力尚弱，回答也只言片语不成调。这一度让我深虑此法的实用性，直到后来在高年级听课后才有所领悟。学生通过自主探究，对于诗歌的印象更为深刻，而不再是讲了就忘，背了就忘。主动吸收比被动接受更能让学生喜欢诗歌这种言约义丰的文学形式，理解诗歌的内容，体会诗歌的情感。学习古诗词本就是一种美的享受，教师运用正确的方法能够使学生品味到其至美至真的情感。人性本善，人心本真，小学生都拥有一颗赤子之心，没经历过红尘繁事，宦海沉浮。这种赤子之心最适合于诗词的学习和领悟。教师要在教学中以情动之，以理传之，要达到与学生心灵的互感互通，以生为本，倾心相待。教师要用自己的方式为学生种下诗词的种子，点燃学生内心传统文化的小火苗，让自己看见作者情感的寄托，看见自己诗词的灵魂。

古诗词教学中需要情，诗人的真情，教师的感情及学生的感情。小学生能力有限，理解能力和思维能力较差，审美鉴赏能力不足，需要教师给予帮助。可以说，教师能够对学生和作者的情感进行联结。在古诗词教学中，教师要吸引学生，引导学生，不断激发学生学习古诗词的积极性，让学生走进文本，与作者进行心灵的沟通和情感的共鸣。在课堂教学中，很多教师都喜欢问"你仿佛看到了什么""你想到了什么"之类的问题，不断引导学生思考和表达。例如，在执教《枫桥夜泊》时，某教师连问几个问题让学生思考和交流："作者仿佛看到了什么场景？""你听到了什么？""作者为什么这样写"，以此来探究其漂泊的愁思和浓浓的乡愁。在古诗词教学中，教师可以利用插图和注释让学生进行探究，如在《题西林壁》一诗中，教师可以将教材上的插图用幻灯片展示出来，让学生观察，然后结合注释理解诗意，再将课本插图和诗意结合起来探究其中的哲理。学生通过合作探究，知道了"题"是书写的意思，"西林"是指江西省庐山市的西林寺，"缘"是因为的意思。通过观察书中插图，学生能够理解庐山的险峻与壮观，山雄奇壮丽，连绵起伏，有大有小，有高有低。最后再总结出看待事物角度不同，得出的结论就有所差异的道理，学会客观全面地看待事物，放下主观成见。这个过程中对学生的思维能力、探究能力以及想象力都将产生积极影响。通过探究学习的方法，学生对于诗词内涵和情感的理解逐渐加深了。教师也可以逐步放手，使学生在诗词字句以及作者的情绪情感方面形成自己的理解，逐步提高其审美鉴赏能力。

二、古诗词吟唱教学鉴赏诗趣，丰富创造

（一）巧用游戏，增加诗趣

学习需要乐趣，教学要寓教于乐。爱因斯坦认为，兴趣是最好的老师，被尊为"万世师表"的孔圣人也说："知之者不如好之者，好之者不如乐之者"，对学习内容感兴趣能够极大地提高学习效果。喜爱学习的人比懂得怎么去学习的人收获更多，而认为学习是一件快乐的事又比单喜爱学习的人接受得更快，学得更多。这一点，对于古诗词的学习来说，更为重要。古诗词言约义

丰，短小精悍，语言晦涩，用典繁复，对小学生来说学习较难。但古诗词言美，音美，境美，又值得每一个人去学习，去品味，去探究，为它"衣带渐宽"，为它"形容憔悴"。小学生大多天性活泼，爱玩爱说，喜欢趣味性强的活动，不喜欢枯燥乏味的说教。教师若是把握好其基本特点将古诗词有趣的一面呈现给学生，激发其学习古诗词的兴趣和热情，能够增强学生对于诗词的感知能力，提升学生的审美鉴赏能力。研究者通过调研和分析，总结出了几种有趣的诗歌学习方法，如自主改诗法、游戏竞赛法、实地表演法和艺术创作法。自主改诗法重点在于"改"，怎么改呢？这需要充分发挥学生的积极性和自主性，解放大脑，发散思维，各取所长，集思广益。改诗，既可以诗改诗，也可以诗改词，还可以诗改文。以诗改诗主要是让学生将一首诗中的某些字词换掉，换成自己喜欢的其他字词，对于所换的字词，并不要求学生严格按照诗词格律来，文从字顺即可。

　　例如《赠汪伦》这首诗，原诗前两句是"李白乘舟将欲行，忽闻岸上踏歌声"，有学生就将其改为"小明乘车将欲行，忽闻窗外唱歌声"，通俗易懂，生动有趣。这种方法主要是让学生对于诗词创作有初步的认识，提升其学习古诗词的兴趣。以诗改词则是讲一首诗改为词，用词的形式呈现出来，内容大致不变，只改形式。例如，杨万里的《晓出净慈寺送林子方》："毕竟西湖六月中，风光不与四时同。接天莲叶无穷碧，映日荷花别样红"，有学生突发奇想，改为："毕竟西湖，六月风光，不与四时同。接天莲叶，映日荷花，到底别样红。"其实，诗改词的例子在清朝也出现过。传说，清乾隆时期，皇帝让纪晓岚在纸扇上题诗，纪晓岚大笔一挥，题了王之涣的《凉州词》，结果少写了一个"间"字，纪晓岚灵机一动，便说是自己根据这首诗改的词："黄河远上，白云一片，孤城万仞山。羌笛何须怨，杨柳春风，不度玉门关"，真可谓妙绝。以诗改文则是将一首诗改成一段文字，甚至一篇文章。当然，这种方法运用较少，毕竟对于小学生来说，写大段文字并不是一件值得欢喜的事。游戏竞赛法是最值得探究的诗歌学习方法之一，常见的诗词游戏主要有飞花令、诗词接龙、诗词谜语等。这些游戏形式对于小学生的诗词量要求较高，更适合在高段课堂使用。

　　由于近年来各诗词文化类节目的播出，越来越多人表现出对于诗词的喜爱，其中就有大量小学生。河北电视台播出的《中华好诗词》和中央电视台播出的《中国诗词大会》最为经典，曾有不少小学生选手报名参加比赛，表现突出。飞花令游戏是《中华好诗词》第一季的"冠军争夺赛"开创的游戏形式，后来被各大节目争相效仿，也广受诗词爱好者的欢迎。此游戏得名于《寒食》诗中"春城无处不飞花，寒食东风御柳斜"两句，先说出要飞的字，再让参加者轮流说出关于该字的一联诗句，说过便不能重复。在课堂运用时，教师也可以以某一个词或者场景为主题，如某小学举行以"季节"为主题的飞花令游戏，教师先说一联"春眠不觉晓，处处闻啼鸟"，一位学生接"不知细叶谁裁出，二月春风似剪刀"，然后教师再说"好雨知时节，当春乃发生"，另一位学生继续接诗，以此类推。诗词接龙和成语接龙类似，差别在于只能接诗词，但可以用谐音的形式接龙。例如，教师说出第一句"锄禾日当午"，学生可以接"午醉醒来愁未醒"也可以接"五更鼓角声悲壮"，还可以接"物是人非事事休"，相对较为灵活，生动有趣。这种游戏形式难度虽然大了些，但是趣味性强，学生有了一定的诗词量，便会乐此不疲。这在一定程度上能够增加学生对于古诗词的兴趣，提高其不断积累古诗词、扩大诗词量的意识。实地表演法主要是将教学环境和形式做一些改变。教师可以将教学由室内扩展到更大的环境中，让学生视野更加开阔，感受更为深刻。有条件的话，教师还可以带领学生到作者的创作基地和诗歌所在基地进行参观教学，实地演绎，还原故事中的场景，切身体会其中的喜怒哀乐。

　　例如，在学习《小池》《池上》和《晓出净慈寺送林子方》时，教师就可以让学生走近荷塘，亲自感受其中静谧或热闹的场景。在学习《望庐山瀑布》和《题西林壁》时，有条件的教师也可以带领学生去庐山脚下感受庐山的壮丽风光，一起探寻其中的感情与哲理。教师还可以与学生一起穿上汉服，角色扮演，让诗歌中的人物、事物都鲜活起来、生动起来。这些活动实施起来不易，次数也不能太多，但我相信，这样生动活泼的课堂，这样新颖有趣的形式必定能让学生对诗歌、对人生产生别样的理解与感悟，使其终生难忘。艺术创作法主要指将诗歌用图画或音乐的形式表现出来。教师可以让学生根据自己对诗歌的理解作画，为诗歌谱曲，再进行演唱。我在访谈时，曾了解到不少教师喜欢给学生布置一些比较有趣的作业，其中最常见的就是诗配画。学生可以根据自己对于诗歌的感受自由创作，充分发挥自己的特长，最后展示和分享各自的作品。这些都在很大程度上提升了学生对于古诗词的兴趣，有利于培养其思维能力、想象力和创造力，也提升了学生对于美的感知和鉴赏能力。

（二）拓展延伸，提升诗力

古诗词与现代诗歌不同，它的语言和事物是以古代或近代时期的事物为主的，距离现在来说年代十分久远，小学生的年龄尚小，缺乏生活阅历，理解起来是不太容易的。但是"世上无难事，只要肯攀登"，只要教师带着学生做好课前准备工作、充分利用各种资源，也能够学好古诗词。这就需要教师做好教学准备，进行相关知识的扩展，如课前资料的搜集，课堂上相关背景知识的讲解，同类诗歌的对比分析等。只有进行知识的补充讲解，学生才能更好地理解诗歌，与作者进行更深层次的交流。

例如《夏日绝句》这首诗，教师在上课之前可让学生提前了解并搜集李清照的相关资料，了解南宋著名女词人李清照的生平经历以及这首诗的写作背景。通过学生对搜集资料的分享和教师的补充，让学生了解李清照出生的时代、生存的时代，前后期的词风有何不同，为何不同。在这个过程中，学生不仅对这位"千古第一才女"有了新的认识，也对南北宋的历史有了初步了解，对于这首诗的感悟自然不一样了。在教学过程中，教师可以用提问的方式引导学生思考与教学内容相关的诗词。

如《江南春》是一首描写江南春光的诗，在导入的时候，教师可以问学生还知道哪些关于春天的诗句，或者还知道哪些描写江南风光的诗句，学生回答后教师也要进行补充，在带领学生回忆的同时也进行了诗词的扩展。有教师在《暮江吟》一诗的导入中，采用飞花令的形式进行拓展，让学生说说还有哪些含有"月"字的诗句，如"二月春风似剪刀""能开二月花""月既不解饮""床前明月光"……可谓是一次精彩的导入，课堂效果极佳。除了背景讲解和课堂提问之外，教师还可以讲一讲作者的著名事迹，或者是一些有趣的小故事。通过故事来了解作者，窥一斑而知全貌，为进一步理解诗歌做铺垫。比如，学习《赋得古原草送别》时，教师就可以将白居易和顾况的故事讲给学生，让学生认识到当时的白居易确实是罕见的少年天才，从而以此为榜样，努力学习，不断进步。

　　有时候，教师会将一系列结构或内容相似的文章拿出来进行对比，这就是语文领域常说的群文阅读。这对于增加学生的阅读量、扩展学生的知识面有着十分重大的意义。同样地，在诗歌领域也有群诗阅读。很多教师会在一首诗歌讲完以后为学生提供另一首与之相关的诗歌，再进行比较分析，这也是一种常见的诗歌拓展方式。分析的时候既可以有各主题比较和内容方面的比较，也可以进行风格比较，还要总结异同点，最后探究出原因。教师可以将新学习的内容与之前学过的内容进行比较分析，例如在学习部编本六年级的一首词——苏轼的《浣溪沙》时，便可以将之前学习的《六月二十七日望湖楼醉书》《题西林壁》《惠崇春江晚景》和《饮湖上初晴后雨》进行整体比较，再结合苏轼的人生经历来分析，以此来理解词义和词意，进一步探寻苏轼对待生活的态度，对待人生和命运的态度。诗云："李杜文章在，光芒万丈长"，通过对比李白的《望庐山瀑布》和杜甫的《闻官军收河南河北》，让学生理解诗歌具有不同的风格，李白豪情万丈，雄奇潇洒，属于浪漫主义诗人；而杜甫沉郁顿挫，忧国忧民，属于现实主义诗人。所以，《望庐山瀑布》中想象丰富，语言夸张，其魄力让人心醉，让人赞叹；《闻官军收河南河北》则令人动容，让人情不自禁地跟着诗人一同欣喜，一同归乡。那么，李杜诗风迥异必然有其内在的原因，如生活年代有差异，生活环境也差别极大。李白经历了大唐盛世，看过盛唐繁华，吟风弄月，吟赏烟霞；杜甫则时逢乱世，对安史之乱中自身和底层人民的苦痛深有体会。自古文史不分家，文学与历史联系紧密，互为表里。这些对于学生来说，是极其重要的，有利于他们从宏观上认识诗人，了解诗歌。当然，教师也可以将内容属于同一类的诗词放在一起进行比较，如王翰的《凉州词》和王昌龄的《出塞》都是边塞题材；李白的《赠汪伦》、白居易的《赋得古原草送别》和高适的《别董大》都是送别题材；骆宾王的《咏鹅》、李峤的《风》以及贺知章的《咏柳》都是咏物题材。在讲王翰的《凉州词》时，教师还可以将王之涣的《凉州词》教给学生，分析探究这两首诗有何不同。天才诗人骆宾王除了写《咏鹅》外，还写过另一首著名的咏物诗《在狱咏蝉》，这首咏蝉诗又代表了他怎样的品格和志向呢？《题林安邸》和《夏日绝句》都是南宋时期的诗歌，都有着厚重、令人沉痛的历史背景，那么它们又表达了作者怎样的情感与寄托呢？这些，教师都可以带着学生去探讨、分析。通过这样的拓展延伸，学生的知识面开阔了，学习和鉴赏诗词的兴趣与能力也提升了，对于诗词也有了整体的感知及深刻的领悟。

（三）融于生活，培养诗心

我在很久以前就听说当下学生著名的"三怕"，即"一怕文言文，二怕写作文，三怕周树人（鲁迅）"。其中，对学生来说最难的恐怕就是文言文了。一提及文言文，学生便因其难度而头疼，心中畏惧不已。古诗词也是用文言形式写成的，语言自然会比较晦涩难懂，但其内容大多离我们的生活并不远。这就要依靠教师的努力了，将古诗词与学生的生活环境联系起来，实现古与今的结合，诗词与学生生活的结合。学生学习知识并不单是为了应付考试，不能为了学习而学习，而要将学到的知识运用到生活当中，融于生活。这也是我所探究的学习诗词的好处或用处。

有学生会疑惑，诗词离我们这么远了，还有必要学吗？还有必要背吗？毫无疑问，答案是肯定的。学习古诗词有用，而且是大用。但对于不同的人，诗词的用处是不同的，关键在于能否正确对待和运用它。有的学生或许本身对诗词就无多少兴趣，学习诗词的唯一目的就是应付考试，更别说在日常生活中运用了。但有些学生就是愿意去学、去用，用实际证明了什么叫作"腹有诗书气自华"。曾经认识一位很喜欢传统文化的学生，八岁就能背诵五六百首诗，还能背诵《论语》全文和《三字经》全文。在和她多次聊天后，才得知她的妈妈也是诗词爱好者，经常带着她一起读诗，在外面游玩的时候也会将诗歌运用到情境当中。例如，在西湖边游玩时，母女俩会想到杨万里的"接天莲叶无穷碧，映日荷花别样红"，想到苏轼的"欲把西湖比西子，淡妆浓抹总相宜"，想到白居易的"日出江花红胜火，春来江水绿如蓝"等等。一人说上句，一人接下句，书香世家大抵如此。若是对诗词的理解不够，是不可能将各种诗词灵活运用于生活中的。身教胜于言传，榜样的力量是无穷的。那位伟大的母亲将诗词融于自己的生活，也将诗词引入孩子的生活，注入孩子的灵魂深处。如今想来，她就是孩子的良师益友，用自己的行动为孩子的成长和发展奠定了基础。

教育者也应该如此，用实际行动彰显文化的力量，让每一位学生闻到诗词的芬芳。要想将诗歌融入生活，除了多阅读和积累诗歌外，还要能理解诗歌的意义，感悟诗人的内心。这要求教师用适当的教育教学方式引导学生学习和思考，理解和感悟。学生知道了每一句诗的意思，明确了诗人的写作目的和感受，就能够在一定程度上将自己的情感融于诗歌中。当自己遇到诗词中类似的事物，与诗人产生相似的感受时，便能够成功地进行情感迁移，用已有的诗词来表达自己内心的情感。当学生学会正确地用诗词来表达自己的情感时，他对于诗词的理解已经上升到一个新的层面了。久而久之，学生对于诗词的理解能力和鉴赏能力都会有所提高，思维能力也会不断进步。教师可以在平时的教学和生活中，多引导学生迁移和运用古诗词。在课堂上，鼓励学生学习可以引用"读书破万卷，下笔如有神"和"三更灯火五更鸡，正是男儿读书时"等诗句；夸奖学生学习好可以引用"自小多才学，平生志气高"；在学生考试失利时可以引用"长风破浪会有时，直挂云帆济沧海""千淘万漉虽辛苦，吹尽狂沙始到金"以及"山重水复疑无路，柳暗花明又一村"等。渐渐地，让学生明白古诗词并非高不可攀之物，并非曲高和寡，用心感受，便会有新的发现，用赤子之心来品味，风景这边独好。

第三节　小学生诗词吟诵学习之诗情画意

　　一直以来，都有大量诗词爱好者和致力于传统文化复兴的人在默默支持着古典诗词。那些文采斐然、品格高洁的伟大诗人应该成为当代学生学习的榜样，而那些情感真挚、言约义丰的诗词必当融入学生的骨骼和血肉之中，成为他们终身汲取的养分，不随时代消亡，永不褪色。有些诗，如画；有些画，如诗。诗意塑造的画面，令人不愿走出，只愿长醉不醒，停留在那最美的画面里，停驻在那至美的诗意中。尤其对小学生诗词而言，在古诗词学习中学会审美，让诗情画意成为古诗词学习的底色与韵味。古诗词中，儿童诗情画意之美在于"路人借问遥招手，怕得鱼惊不应人"，也在于"最喜小儿无赖，溪头卧剥莲蓬"，更在于"儿童散学归来早，忙趁东风放纸鸢"。充满诗情画意的古诗词，也是当代小学生最好的人文养分。

一、在古诗词吟诵中领略诗词之美

（一）古诗词吟诵中通悟文字之美

　　王安石一首《泊船瓜洲》传颂千古。特别是"春风又绿江南岸"中的一个"绿"字用得极为传神，被历代文人誉为字词锤炼的典范。因为"绿"字为全诗增光添彩，使其大为生色。"绿"原是形容词，在诗中活用为动词，就是吹绿、变绿的意思，在语法上是使动用法。"春风又绿江南岸"是说春风使江南岸变绿了。"绿"字不仅把春天写得生机勃勃、绿意盎然、色彩鲜艳，还形象生动地活化了春天。诗人这种"移觉手法"用得巧妙。人们能感受到和风拂面，靠的是听觉和感觉。在"吹面不寒杨柳风"的春天，春风却是悄然无声的，现在用"绿"字绘春风，将难以捕捉的风动态化了。透过诗句，读者仿佛能看到春风吹过江南两岸，绿意勃发，一片新绿，一派欣欣向荣的景象。"绿"字似乎成了诗中无可挑剔的"诗眼"。看起来"绿"字无可替代。但是，江南岸仅仅只是一片绿色吗？笔者曾经漫步于翠屏湖畔，发现除了绿色的草，还有各色野花，红的、黄的、紫的……争奇斗艳，赏心悦目。这一现象引发笔者反思，因此，在教学《泊船瓜洲》时，笔者引导学生尝试"挑战"王安石："诗人在写这首诗时，先后用过'到、如、过、满……'经过一番斟酌，最后才选定'绿'字。此诗歌的创作故事被传为美谈。今天我们也来当一回诗人，想一想，还有哪些字比'绿'字更好？为什么？"学生找了一些"绿"的近义词。"我觉得可以换成'翠'字。""绿可以换成'画'。""为什么？""因为春天就像一个大画家，他把大画笔一挥，江南岸就冒出一大片花花草草，姹紫嫣红，可美了。""老师，我觉得'艳'字也可以，因为春天是艳丽的，色彩鲜艳的……"学生思维活跃，争先恐后地发表自己的看法。有的说"彩"字好，因为春天是五颜六色的；有的说"香"字好，因为春风吹过，花香弥漫；甚至有一个学生说换成"浓"字，因为春天是浓郁的，绿得浓，花香浓……一个"绿"字引发学生思维的大碰撞，让学生的灵感火花闪现。在这节课中，学生不仅发现了诗歌语言的精确美、凝练美，感受了诗歌的意境美，还想象了春天的画面，用自己的语言再现画面，创造了美，并且丰富了诗歌的色彩美和内涵。多彩的、缤纷的春天，才是学生心目中的春天。一个"画"字让五颜六色的春天画面动态感十足，充满动态美。一次质疑就是一次"审"美教育，学生徜徉于古典诗词的意境中，于字词推敲中感受了诗词的动态美、色彩美和意境美。

（二）古诗词吟诵中领悟韵律之美

不管是何种句式的古诗词，都平仄有序，简短精练，朗朗上口。诗词的语言美，首先是指语言的音乐美。例如，《渔歌子》一词句句押韵，节奏和谐，韵律婉转，乐感极强。语言风格清新质朴，色彩明丽而不矫揉造作，融合一种出淤泥而不染的古代文人的淡泊、高洁的高情远意。正如南宋严羽《沧浪诗话》所说："大家之作……其词脱口而出，无娇柔妆束之态。"宋词更是一种可以和乐歌唱的古诗词，就是吟诵起来也朗朗上口，婉转和谐，富有音乐感，听来音韵悦耳悠扬，让人感受到均匀和谐的节奏美。怎样让学生学会欣赏这种美呢？教师可以引导学生在不同的情景下进行吟诵。比如，荡舟江面出没风波时吟诵，坐在船上悠闲自得地打着拍了吟诵，欣赏鳜鱼怡然游动时吟诵。学生在此启发下表演划桨时吟诵、撒网时吟诵、收网时吟诵的情景，不同风格的《渔歌子》在此尽情演绎，学生在想象吟诵中"审"美，兴趣盎然。

历代古诗词句中提到的音乐给人印象极为深刻。从创作实践来看，就是要努力找到音乐这个切入点。声韵给你和谐美；平仄给你抑扬美；结构给你顿挫美；对仗给你均齐美；色彩给你视觉美；音乐给你听觉美；语言给你抒情美，综合起来我们就把它叫作韵律。美好的韵律诗，读起来都朗朗上口，宛如音乐般给人以享受。写诗重要的、共同的东西有了，比如韵律；然而失去个性，诗歌也就失去了生存的价值。

（三）古诗词吟诵中体悟虚实之美

虚实结合是古诗词重要的艺术手法之一，"实"是诗人描写的客观存在的实体形象部分，而"虚"是指实体形象所暗示的抽象的空白形象。该表现手法通过实景的描写让读者联想到虚景，给人无限的遐想与回味。人们常用"虚由实生，实仗虚行，以实为本，以虚为用"来分析诗词中的虚和实的关系。其实，这里的虚是指情、志、理，即借景抒情、托物言志、借事喻理；而实是指情、志、理所依托的景物。

李白所写的《黄鹤楼送孟浩然之广陵》中的"孤帆远影碧空尽，唯见长江天际流"，通过描写别时之景寄托着李白对亦师亦友的孟浩然依依惜别的深厚情谊，是抒情。写景是实，抒情是虚，对这种借景抒情或寓情于景的写法，小学生难以理解。教师在教学时应多加引导，可以借助多媒体展示画面：岸边杨柳依依，江上沙鸥点点，白帆随着江风渐行渐远，消失在蓝天尽头……接着深情叙述："不忍别，终须别。你看，人有情，景也含情，孟夫子登船离岸，李白伫立在江边。"教师引读：江风鼓起白帆渐行渐远，李白——白帆消失在水天相接处，李白——教师配音描述："一江春水，流淌着友情，此时，在李白的眼中，只有孟浩然所乘的白色帆船了。他久久伫立着，深情凝望着……"教师在此基础上引导学生展开想象："李白看着驶向蓝天尽头的白帆，水天一色，他在想什么？心里还在默默地说什么？此时，杨柳、沙鸥也仿佛受到了感染，有什么表现呢？"此情此景，学生一定能够感悟到年轻浪漫的李白送别亦师亦友的孟浩然，别情离意也充满了如诗如画的美。这种难舍之情借助虚实结合的艺术表现手法给学生留下了一种若有若无的感觉，留给学生无穷的想象余地。此番"审"美让别情离意在诗情画意中得以体现，而诗的艺术韵味，如茫茫水天，悠然旷远。

（四）古诗词吟诵中了悟色彩之美

古诗词中用语言描述色彩的表现手法多样，最常用的是对比鲜明的色彩表现手法，诗人通过强烈对比、和谐映衬手法的融合运用使诗词更具色彩美。《渔歌子》描写水乡风光，借理想化的渔人生活自道其隐居江湖之乐，寄托了作者爱自然、慕自由的情趣。词的开头两句就勾勒出了一幅色彩明丽清新的"江南春景图"。"西塞山前"点明地点在太湖附近。这里的春景如何呢？教师可以通过多媒体展示"白鹭飞翔图""桃花流水图""鳜鱼戏水图"。学生先想象这群白鹭在西塞山前飞翔的样子，再想象肥嘟嘟的鳜鱼在水里自由自在地玩耍嬉戏的情景。教师启发学生边想象边叙述"在黛色的山峦前，洁白如雪的鹭鸶翩翩飞翔，如霞似粉的桃花争奇斗艳，清澈碧绿的江水欢畅流淌，鲜美名贵的鳜鱼潜游水底"。就这样，教师借助语言这个媒介，让学生走进一幅"桃红、水绿、鱼肥、鹭飞"的清新艳丽、境界开阔的画卷中。诗画相兼的张志和不仅寄情于景，以画入词。

他还将动静相宜的五种事物相互嵌合：黛山、鹭飞、水流、花漂、鱼潜。动中有静，静中有动，动静相济。这幅"烟波垂钓图"是泼墨画，是写意画。张志和似泼墨挥毫，又似不着一笔。简约的十四字构成水墨淋漓的画面：青山绿水、白鹭飞翔、桃花纷飞、青黄游鱼。色彩之丰富、明丽在古典诗词中极为少见，而且浓淡相宜。"白鹭"与"桃花"在着色上一冷一暖，对比鲜明。"青箬笠，绿蓑衣"中的"青""绿"相邻，在绘形绘色中充满了和谐安宁的美，并简明勾勒渔夫最具代表性的形象特征——戴笠披蓑。"斜风细雨不须归"对渔父来说，不正是他对美的发现，对美的执着追求吗？"不须归"正是他的内心体验——由于陶醉在清丽秀润、如诗如画的江南春色中，所以不避风雨，流连忘返。不仅是"不思归"，还是上升为"审"美评判形式的"不须归"。此词的"审"美教育应在教学中先指导学生品析词句，感知词的内容；再抓住白鹭飞、鳜鱼肥等江南特有的美景让学生领悟如山水画般的优美意境。

而如何让学生感悟到词人寄情山水的情怀呢？课堂上，教师可以扮演一个采访者，以采访渔翁的形式，让学生在灵活有趣的一问一答中感悟词人"不须归"的理由：表面上是景美、雨小、鱼肥，实际上是不再留恋仕途，向往自由、怡情山水、乐享隐居之情趣，从而使学生与此词在情感上产生共鸣。

（五）古诗词吟诵中品悟意境之美

古诗词是在一定的情境下创作的，作者写的主要内容也是情境，学生读诗词的目的，是走进情境，即入境去感受诗词文化。教师可以通过多种手段，引导学生将视觉、听觉、触觉等多种感觉调动起来，进而走进古诗词的意境，去体验我国诗词文化所表现出来的意境美。首先，注重插图的作用。统编版教材中编入的古诗词插图是一幅幅水墨画，以中国画为主，强调"以形写神"。对于低年段的学生来说，将插图和诗词内容结合起来，在欣赏插图内容时走进诗词所描绘的世界，有助于理解诗词。若课文插图有所欠缺，教师则可通过多媒体向学生展示更多与诗词情境有关的图片。随着年级的增长，学生的抽象逻辑思维逐渐发展起来，教师则要适当减少图片的使用，给学生更多自我想象的空间。其次，善于运用音频资源。言语感知是一种视—听双通道参与的活动，音频学习材料的呈现，提供了学生文字视觉和声音听觉的双通道材料，两个通道同时出现的信息比单通道所传递的信息更快更准确感知。因此，音频资料的引入，学生的配乐诗吟诵，可以帮助学生更深入体验诗词的情境，走进作者的内心世界。最后，注重语言引导。教师要使用符合古诗词意境的准确语言进行教学，通过语言把古诗词的意境形象化，使得意境更具感染力。同时采用填补"空白"的手段来让学生感受诗词背后的多样情景，发展学生的语言表达能力。诗词的内容极为简练，填补"空白"的过程中，学生可结合自身的经验，通过自己的语言表达，将美的风光和美的事物再现出来，避免把诗词刻板地翻译成白话文，加深自己对诗词的情境体验和文化体验。

借助图片、音频等资源能有效地理解诗词描绘的美景，但是学生对诗词的审美是"感悟"和"会意"的，故教师不可过度使用这些资源，而应留给学生更多想象的空间。新课标对小学每个学段的古诗词教学都提出了"想象"的目标，可依据不同年段学生的心理发展水平，给予学生充足的想象空间，在想象中感受诗词的画面感。在想象中，学生能够与作者进行心灵的交流，去聆听作者当时的内心活动；进而去领悟古诗词大意，思考作者为何会生发出这样的感情。如《枫桥夜泊》，张继到底因何而"愁"，首先，让学生结合月落、渔火、江枫、乌啼声、钟声和霜等景想象画面；其次结合作者写诗时的社会背景，国家动乱不断，百姓流离失所，这种"愁"是忧国忧民之愁。这样，学生看到的，想到的，感受到的就不仅是景，而是由景到情，景、情、境相融合。以下是经典的意境之美：

题龙阳县青草湖

（明）唐温如

西风吹老洞庭波，一夜湘君白发多。

醉后不知天在水，满船清梦压星河。

意境之美评析：梦境切合实境，船在天上与天在水中正相切合，显得真实可信；梦无形体，却说清梦满船，梦无重量，却用"压"字来表现，把幻觉写得如此真切。

约客

（宋）赵师秀

黄梅时节家家雨，青草池塘处处蛙。

有约不来过夜半，闲敲棋子落灯花。

意境之美评析："落灯花"固然是敲棋所致，但也委婉地表现出了灯芯燃久，棋客时长的情形，诗人怅惘失意的形象跃然纸上。敲棋这一细节，包含了多层意蕴，有语近情遥，含吐不露的韵味。

天净沙·秋思

（元）马致远

枯藤老树昏鸦，小桥流水人家，

古道西风瘦马。

夕阳西下，断肠人在天涯。

意境之美评析：黄昏之时，一群乌鸦落在枯藤缠绕的老树上，发出凄厉的哀鸣。小桥流水潺潺，人家炊烟袅袅，古道上一匹瘦马，迎着夕阳，迎着西风艰难而行，相思断人肠。

二、在古诗词吟诵中培养诗情画意

（一）在诗心中感悟诗情

清华大学中文系教授蓝棣之曾说过："在80年代，学生不懂诗词会被人笑话，而到了90年代以后，谁懂诗词就会被别人笑话。"现代社会的飞速发展使得人们对于网络的依赖性逐渐增加，电脑键盘带来的提笔忘字、电子书后面的碎片化阅读，自媒体时代的网络暴力……这些在给人们带来便利的同时，也存在着潜在的风险。不言而喻，科技这把双刃剑，在快速发展的同时，不断消耗着外部力量，也许有一天，那股力量不足以支撑整个宇宙的运行和民族的发展。以中国文化为代表的向内追寻的精神世界很有可能就是拯救宇宙和维持物质世界正常运行的根本。很多人会怀疑，在这个虚拟社交横行、网络名词泛滥、言行举止鄙俗的时代，诗词还有多大的用处呢？道家学派的代表人物庄子曾经说过："无用之用，方为大用。"读诗可能无法带给我们丰厚的物质享受，却无时无刻不在对我们的精神进行滋养。冬去春来，万物复苏，花红柳绿，草木萋萋。面对眼前美景，人们是能否随口吟出"等闲识得东风面，万紫千红总是春"？当我们在人生路上获得成功时，是否可以吟出"春风得意马蹄疾，一日看尽长安花"？当人生遭遇艰难险阻时，我们是否能想到毛主席的"不管风吹浪打，胜似闲庭信步"？当远离家乡、思亲怀友时，又是否能想到"青山一道同云雨，明月何曾是两乡"？郦波老师曾经说过："诗词从来都不是决定输赢、彼此攻击，甚至提供炫耀、以资傲娇的力量。诗词只给人以修养，给心灵以港湾，给灵魂以芬芳。所以诗词是且只是一种抚慰心灵的力量、塑造精神的力量、滋养灵魂的力量。"

也许，大多数人都无法随机吟咏出诗词妙语，没有意识到古典文化、诗词语言的适用性。这主要是由于大家从未刻意地、专门地去进行识记和积累，文化素养又怎会提升呢？文人们大多将自己的人生经历记录于中，将真情实感抒发在内，将人生抱负寄托于斯，用真心和真情感染着读者，同时在潜移默化中教化后人。对于小学生来说，学习古诗词可以使他们更好地体会母语文化的魅力，积累和丰富语言知识，提高语言表达能力。此研究课题将更好地传承和发扬中华优秀传统文化，以真诚地培养一颗诗心，认真地感悟诗人们在作品中的真情。

《语文课程标准》在总目标中提出语文教育应该培养小学生"认识中华文化的丰厚博大，吸收民族文化智慧"，"吸取人类优秀文化营养，提高文化品位"。"江山代有才人出，各领风骚数百年"，小学生是祖国的新鲜血液，是民族前进和发展的弄潮儿，是国家未来的栋梁之材。我们必须意识到，诗词对于他们的巨大作用，对他们人生道路的重要影响。一直以来，小学教育偏于应试，急功近利，学校不注重学生文化素养的提升和价值观的培养。语文学习也以提高学生的分数为主要目标，使得学生逐渐对诗词文化丧失兴趣，甚至产生厌学的心理。对小学古诗词教学审美鉴赏的研究，一方面，有利于培养学生的诗歌鉴赏能力，提升学生的审美能力、想象力和自主探究能力；另一方面，能够促进教师教学观念和教学方式的转变，从而更好地培养学生的学习兴趣和审美情趣，解决一些实际的教学问题。

（二）在语言中体验韵律

古诗词最显著的特点是简洁凝练、生动形象。绝大部分诗词的字数都不多，作者力图用最简练的文字传达心中之意，可谓短小精悍，言约义丰，意味无穷。方干在《贻钱塘县路明府》中说道："吟成五字句，用破一生心"，这里强调诗既要简洁精炼，还要注重语言表达的形象和生动，删繁就简，言简义丰，绝不仅是文字的堆砌。古代的诗人们写诗很注重炼字和炼意，尤其是对字的锤炼。现代人在解读或注释古诗词时，用的是现代汉语，其字数往往是古诗的数倍甚至数十倍。例如杜甫的"朱门酒肉臭，路有冻死骨"，是描写贫富悬殊中赫赫有名的诗句，仅十字就揭露出了富人与穷苦百姓之间的差距和矛盾，可谓精妙绝伦。北宋词人贺铸的"试问闲情都几许？一川烟草，满城风絮，梅子黄时雨"，连用三个比喻将满腔的烦愁、失意、苦闷诠释得淋漓尽致，被后人传为千古绝唱。当然，还有王安石的"春风又绿江南岸"中的"绿"字、李白诗"人烟寒橘柚，秋色老梧桐"中的"寒"和"老"字以及贾岛"僧敲月下门"中的"敲"字都是炼字的著名典故。炼字可以让作品更贴切、更加生动形象和更富有表现力。但是对于绝大多数诗人来说，炼字是一件费心费力的事，正所谓"两句三年得，一吟双泪流""吟安一个字，捻断数茎须"，但是古代诗人们仍然会不求回报地写好诗佳句，这已然能够看出古代诗人良好的创作素养和风骨。这样精炼的古诗词，对于小学生来说，具有非常重要的意义。诗词的简洁凝练在一定程度上可以提升学生的语言能力，包括语言运用能力、语言表达能力（口头表达能力和书面表达能力）等。

例如，学生在写作文的时候可以让自己的语言更加精炼和通顺，避免口水话堆积、语言重复累赘的现象。古诗词从外部形式上看，排列较为精致，整齐有序，错落有致，这是它的视觉形式美。古体诗主要是四言和五言，兼有杂言。我国古代第一部诗歌总集《诗经》中的诗就是以四言为主的，如其中的第一首《国风·周南·关雎》，"关关雎鸠，在河之洲。窈窕淑女，君子好逑……"视觉效果较为强烈，令人赏心悦目。李白曾经认为，四言诗是最好的诗体。四言诗看着干净利落，但是作起来算是最难的。这道理正如现代人创作旧体诗词，由于我们所处的环境和所接触的语言系统不同，已经很难创作出纯粹的古体诗，所以大多数诗词爱好者都将手中的橄榄枝抛向了更加易学易作的格律诗。近代格律诗主要是五言和七言，如五言绝句《舟夜书所见》："月黑见渔灯，孤光一点萤。微微风簇浪，散作满河星。"每一首词也是按照固定的词牌进行填写的，字数相同，格式一致。如晏殊的《浣溪沙》："一曲新词酒一杯，去年天气旧亭台。夕阳西下几时回？无可奈何花落去，似曾相识燕归来。小园香径独徘徊。"上阕和下阕各三句，每句七字，这是固定的。中国古代的诗歌、音乐和舞蹈起初是相结合的，不独立存在。诗歌往往是文字与音乐的组合，诗通过文字和音乐表达出来。不论是四言、五言、七言，还是杂言，皆可通过音乐反复吟咏玩味，这也是古人自启蒙时期学习诗词歌赋的基本方式。诗词还是一种非常富有节奏感的文学形式，可歌咏，可诵读，朗朗上口，引人入胜，这是它的听觉形式美。诗歌具有独特的节奏和韵律，这种节奏和韵律也是诗歌与其他文学形式（文赋、小说、散文等）相区别的重要方面。朱光潜先生说："诗歌、音乐、舞蹈是混合的，它们的共同命脉是节奏"，它们都离不开节奏。诗歌具有"重叠美"，重叠形式多样，有单句重叠，如《诗经》中《江有汜》："江有汜，之子归，不我以。不我以，其后也悔。""不我以"则是单句的重叠。还有全篇重叠，如《殷其雷》中"殷其雷，在南山之阳。何斯违斯，莫敢或遑？振振君子，归哉归哉！殷其雷，在南山之侧。何斯违斯，莫敢遑息？振振君子，归哉归哉！殷其雷，在南山之下。何斯违斯，莫或遑处？"每小节都以"振振君子，归哉归哉"结尾。节奏感和韵律感强的诗词在各个朝代都有，包括张若虚那首以"孤篇压倒全唐"的《春江花月夜》，如"春江潮水连海平，海上明月共潮生""江畔何人初见月，江月何年初照人"等句。

诗词有了一定的节奏和韵律之后，更便于我们吟诵和吟唱，也更加具有艺术性。诵读、吟唱和吟诵诗歌在古代都非常普遍，尤其是先秦时期人们对于《诗经》《楚辞》等诗歌的学习。在现代教育中，我们的诗歌学习基本是通过诵读的方式进行，这也是大多数学生学习诗歌的最初形式。诗歌的吟唱大多活跃于文化类电视节目中，诗歌的吟诵就几乎只存在于小部分致力于传统文化复兴的团体中了。之前，国学大师叶嘉莹先生还在豆瓣课堂开设过古诗词吟诵的课，这无疑为古诗词的爱好者和传承者打开了新的大门，值得大量学习和推广。实际上，不论是诵读还是吟诵，都能够较好地发挥出古诗词独特的价值，这种价值能够增加学生学习古诗词的兴趣和热情，培养和发展学生的语感。

（三）在意境中探寻人生

意境是指抒情性作品中所呈现的那种情景交融、虚实相生的形象系统，及其所诱发和开拓的审美想象空间。意境主要是由作者的主观意蕴和事物的客观之境结合而成的艺术境界。"意"是情与理的结合，也可以理解为感性与理性的结合，而"境"是形与神的结合。所以，意境是情、理、形、神的统一。"意境"二字，本身就充满了诗意，充满了艺术性。在阅读有意境的作品时，我们会感悟到一种难以言说的境界，让人意味无穷。诗歌中的意境多指诗人在作诗时的个人感受和心境，诗人将自己的主观感受与客观事物进行了结合。如杜甫的"感时花溅泪，恨别鸟惊心"、欧阳修的"泪眼问花花不语，乱红飞过秋千去"和李白的"山随平野尽，江入大荒流"以个人情感为主营造意境，印证了王国维先生的话"以我观物，故物皆着我之色彩"，这便是"有我之境"。陶渊明的"采菊东篱下，悠然见南山"则属于"无我之境"，正所谓"无我之境，以物观物，故不知何者为我，何者为物。"毫无疑问，诗歌是有意境的，这里的诗歌不仅仅是指抒情性的作品。朱承爵《存余堂诗话》："作诗之妙，全在意境融彻，出音声之外，乃得真味。"没有意境，诗歌自然是无源之水、无本之木了。诗歌的题材是非常丰富的，常见的有山水田园诗、羁旅行役诗、怀古咏史诗、咏物言志诗、宫怨爱情诗等。每种题材的诗皆可使用些许意象，将个人情感与客观景物融合以营造意境。王维的"空山新雨后，天气晚来秋。明月松间照，清泉石上流"中灵活运用"空山""新雨""明月"和"清泉"几个意象，将雨后山野如诗如画的黄昏美景巧妙表达出来，给人恬淡自然、清新静谧的审美感受，艺术价值十分可观。而他的"征蓬出汉塞，归雁入胡天。大漠孤烟直，长河落日圆"就是另一番景象了。诗人用"飞蓬""归雁""沙漠""孤烟""黄河"以及"落日"这众多意象来描写奇特壮丽的塞外风光，给人雄浑壮阔之美。"绿杨烟外晓寒轻，红杏枝头春意闹"也是文坛中意境高远的佳作了，作者宋祁也因这两句被美称为"红杏尚书"。这两句诗的亮点很多，而最值得品味的就是"闹"字。王国维先生在《人间词话》中评价道："着一'闹'字而境界全出。"这个字首先给人以听觉感受，仔细品味，还有视觉感受。而"绿"和"红"属于视觉，"寒"和"轻"属于触觉。所以，这两句诗既有视觉感受，还有听觉和触觉感受，运用了通感的修辞手法，审美价值极高。还有贺铸的"试问闲情都几许？一川烟草，满城风絮，梅子黄时雨"，以"试问"二字起笔，后有三个意象的完美融合，强烈地表达自己内心之愁的多、重、深，让人不忍卒读。这几句组合得十分新奇，有一种清冷、萧瑟的美，令人拍案叫绝，不愧是千古绝唱！

"诗缘情，诗歌是情感的产物"。古诗词是具有真挚、饱满和浓厚情感的文学形式，往往寓情于景、寓情于形。没有情感的诗人往往不能被称为诗人。自古以来，诗词就是那些优秀的人在写的，他们往往是偏于感性的，内心有着丰富的、热烈的情感。蒋均涛先生在《审美诗论》中提出："诗歌是一种以抒情为主的文学样式，即使是叙事诗，又特别是我国传统的叙事诗，也总是把抒发饱满浓烈的情感放在一个极为重要的位置。"如白居易的长篇叙事诗《长恨歌》就是叙事和抒情相结合的诗坛佳作。诗中叙事部分如"汉皇重色思倾国，御宇多年求不得。杨家有女初长成，养在深闺人未识"，抒情部分如"芙蓉如面柳如眉，对此如何不泪垂？春风桃李花开日，秋雨梧桐叶落时""在天愿作比翼鸟，在地愿为连理枝。天长地久有时尽，此恨绵绵无绝期"。诗人以精妙的语言、奇特的笔触、生动的形象描写了唐玄宗和杨贵妃之间真挚热烈的感情经历，呈现出一段宛转动人的爱情故事。"若似月轮终皎洁，不辞冰雪为卿热""被酒莫惊春睡重，赌书消得泼茶香，当时只道是寻常"体现了纳兰对妻子深深的思念；"孤帆远影碧空尽，唯见长江天际流""我寄愁心与明月，随风直到夜郎西"体现了李白对友人真挚的思念；"人生自古谁无死，留取丹心照汗青"体现了文天祥真挚的爱国情怀；"长太息以掩涕兮，哀民生之多艰"体现了屈原对国家和人民的深深哀叹。学生在学习古诗词的时候，也会不自觉地与作者进行情感交流，当他们有了情感体验之后，就会和诗人产生共鸣。这样可以丰富学生的情感，有利于教师进行情感教育和审美教育。当学生能够站在作者的立场去解读和感悟诗歌时，教学目的也就差不多实现了。

（四）在想象中活跃思维

"如果没有想象，一首古诗不过就是几行无声的文字。而古诗的文字一旦被激'活'了，它将是一幅有声的画面。"古诗词的创作和鉴赏都离不开想象。诗人艾青认为"没有想象就没有诗"。作者在进行诗歌创作时，除了要有自己的真情实感之外，还需要对所写对象进行想象。有时候，诗人或许并没有去过诗中之地，并未经历过诗中之事，但为了表情达意的需要，会展开想象。最显著的例子就是，古代许多闺怨诗是男性诗人所写，如温庭筠的"梳洗罢，独倚望江楼。过尽千帆皆不是，斜晖脉脉水悠悠。肠断白蘋洲"、王昌龄的"闺中少妇不知愁，春日凝妆上翠楼。忽见陌头杨柳色，悔教夫婿觅封侯"和朱庆余的"洞房昨夜停红烛，待晓堂前拜舅姑。妆罢低声问夫婿，画眉深浅入时无"等。诗人们并非女性，也未经历闺中女子等候丈夫的事，却能将宫怨诗写得如此真实、贴切，我想，这除了寄托了诗人自己的真挚情感和抱负之外，其丰富的想象力也是不可被忽略的。

诗词中想象丰富的例子不计其数，如李白的"飞流直下三千尺，疑是银河落九天"，这两句运用了比喻、夸张和想象的手法，写出了庐山瀑布的宏大气势，被视为李白想象力最丰富的诗句。苏轼曾经写过思念弟弟子由的词"明月几时有，把酒问青天，不知天上宫阙，今夕是何年"，充分展现了作者基于明月、青天对人生和未来的想象和思索，具有很强的哲理性。诗歌仿佛是一种想象的艺术，它可能是基于生活的，从社会现实中寻找到题材，通过诗人自己的真实体验而生发的艺术。诗人在创作过程中需要想象，而后借助文字将内心想法表达出来。例如，贺知章《咏柳》中的"不知细叶谁裁出，二月春风似剪刀"就将寻常事物与心中奇妙想象完美地结合。这两句将二月的春风巧妙地比作一把锋利的剪刀，而柳树上碧绿的叶儿就是被这样一把精巧的剪刀裁剪而成的。因为诗人的丰富想象而流传的千古佳句真是浩如烟海，不可计数。当然，不仅创作者需要想象，读者在很大程度上也需要通过想象来理解诗人的作品，理解诗人的心境，进而实现创作者和读者之间的情感共鸣。"想象能调动学生的记忆中的一切可利用资源，使文字在学生头脑中形成一幅完美的画面，让学生的记忆更加形象深刻，做到学以致用，铭记不忘。"从学生角度看，学习古诗词能够使学生的想象力得到提高，思维能力和创造力得到增强。古诗词简洁凝练、言约义丰，学生在学习的时候，一方面需要他人进行辅助；另一方面则要靠自己理解和领悟。诗词多具有画面感和音乐感，而画面并不是直接呈现给学生的，这就需要他们充分发挥自己的想象力，对画面进行构造和补充。例如很多没有去过西湖、不知道西湖景色是怎样的学生，在读杨万里的"接天莲叶无穷碧，映日荷花别样红"时，也可以通过自己的想象构筑西湖的美景。诗词讲求"言有尽而意无穷"，很多诗词作品在结构和内容上留下了很大的空间让读者进行再创造，以激发读者的想象力和创造力，使读者沉浸于其意境之中，感悟艺术之美。

《诗经·秦风·蒹葭》中"蒹葭苍苍，白露为霜。所谓伊人，在水一方"，给读者以无限的想象：那河边上的青青芦苇，映衬着的是一位怎样美丽的女子呢？给人一种朦胧、冷寂之美。学生可以通过诗歌所营造的纯美意境展开想象，细细品味，感受诗歌所带来的画面美。同样，通过意境的感受和画面的构建，学生和作者的距离更近了，他们之间能够更好地进行情感交流，也更容易产生共鸣。"思维最初是人脑借助于语言对客观事物的概括和间接的反应过程。思维以感知为基础又超越感知的界限。通常意义上的思维，涉及所有的认知或智力活动。"

古诗词的想象是无法离开思维的，诗人在写作的时候，思维是活跃的，是动态的存在。要对古诗词进行理解和欣赏，应该先对其内容有一个基本的认知，然后才能发挥想象力，进行再创造。思维也可以算是一种特殊的认识活动，既有感性成分，又有理性因素，对诗歌的判断需要理性，而对诗歌的想象更偏于感性。绝大多数一流诗人都是偏于感性的，因此他们能够将自己的真情实感以极高的艺术性表现出来。他们也能够通过联想或"移情"的方式借助别的人或物来抒发情感。学生对古诗词的学习可以培养他们的感性思维，使其学会更好地表达自己的感情；也可以培养他们的创造性思维，通过想象和思维的发散进行作品再创造。

（五）在传承中滋养人文

不读诗就不会知道一首诗歌包含了多少知识，蕴含了多少道理，古诗词能够给人以生命的化妆和灵魂的滋养，让人永葆青春。面对一种惊艳了时光的美景，人们是用大白话来描述还是用优美动人的古诗词来赞美呢？经常读诗歌的人，能够将生活中的一切入诗，活出诗意。外表的美是暂时的，是抵挡不住时光侵蚀的，只有读过的书和走过的路，才会永远留驻于心。爱诗词读诗词的人一开口便是满庭芳，自带光环。学习诗词的人在遭遇困难时，可以用"不管风吹浪打，胜似闲庭信步"自我鼓励；当感叹时光流逝时，可以用"最是人间留不住，朱颜辞镜花辞树"表达；当惆怅难耐时，可以吟出"试问闲情都几许？一川烟草，满城风絮，梅子黄时雨"；当遇到自己倾心的女子时，可以用"气质美如兰，才华馥比仙""一顾倾人城，再顾倾人国"来赞美对方，以表达自己的爱慕之情。学生积累的诗词多了，学到的道理也多了，阅读能力和写作水平也会大幅度提高。一般来说，除了诗歌本身的意思之外，还要对其背景知识（时代背景和社会背景）和作者的基本信息有所了解，还包括这首诗涉及的一些历史知识、哲学知识以及其他典故。如杜甫的很多诗都是在"安史之乱"的背景下写的，李清照晚年很多词都涉及南宋亡国的知识，苏轼很多诗词也是因为"乌台诗案"被贬所写的。

学习了古诗词，掌握的却不仅仅是诗词知识，而是方方面面的。诗词对个人气质的提升也有很大的帮助，同时，对于个人性格的培养和塑造也意义非凡。"人文素养的核心是对人类生存意义和生命价值的关怀，它表现在维护人的尊严、追求生命的价值、关切人类的命运等多个方面，并高度珍视人类遗留下来的各种精神文化。"古诗词题材众多，内容丰富，其中的精华是民族文化的宝库。古人口头表达和书面表达所使用的都是他们那个时代的文字，他们认为任何事物、情感皆可用诗文来表达，即"无一不可入诗"。因此，我们现代的任何一种状态、情感和心理感受都可以在那些古老的文字中找到，借以表达自己的感情。诗词中不仅有古人对于自身言行的记述，志向、品行的表达，还有对于自然、社会和人生的深刻认识。如张九龄的"草木有本心，何求美人折"和"江南有丹橘，经冬犹绿林。岂伊地气暖，自有岁寒心"数句，以草木、丹橘自比，生动形象地表达了自己的坚贞和高洁品质。郑思肖的"宁可枝头抱香死，何曾吹落北风中"也表现了他宁死不屈的爱国情怀。刘希夷的"年年岁岁花相似，岁岁年年人不同"和张若虚的"江畔何人初见月，江月何年初照人"流露出了对时光和生命的探索和思考以及对宇宙的关注。杜甫的"安得广厦千万间，大庇天下寒士俱欢颜"是一种忧虑下层贫苦人民的崇高气节。这些浩如烟海的诗文妙句都是诗人们的心血，是他们个人文化修养和品格的真切体现。古诗词的学习能够给学习者带来诸多益处，而古诗词的传承对于国家文化和世界文化的延续和发展都有着莫大的意义，这可以说是一种良性循环。

青春须纵歌
生命探律动

——初中古典诗词吟诵教学的知与行

中学时代是美好的，童真初去，理性刚来。初中生处于人生情感最丰富，最充沛的生命时期，诗词也是充满了生命与哲思的。初中生喜欢诗词，是因为诗词的律动与生命的律动巧妙地产生共振共鸣。为了更美好的清楚，为了更美好的文化成长，初中生可以吟诵诗词，让诗词伴随自己一起走过青葱岁月，感悟人生。

第一节　初中生古诗词吟诵教学促成长

古诗词深远的意境感悟，充足的内涵对于学生的成长有着重大的教育意义，尤其是在孩子的德育培养工作上的作用更加突出。古诗词教学还涉及影响学生观察力和想象力多个方面的能力，而且中学阶段的学生正处于认知能力以及情感道德形成的重要时段，所以教师需要积极创新适应古诗词教学的方案，合理利用教材和课堂教学加强对学生认知能力的培养。一个人在其中学时代，阅读一些言辞优美、思想性强的古诗词，不仅可以提高写作能力和自身修养，而且还能启迪心智、陶冶情操和领悟人生，将对其一生产生重要影响。

一、古诗词吟诵教学促进初中生人文精神成长

古诗词吟诵教学的本质和核心就是中国传统文化教育。古代无论是官学还是私塾式教育的主体教育内容为"经、史、子、文"四项，这是中国古代用来做教育的基本材料，相当于学校教育所采用的教材。其中这个"文"就指的是诗词歌赋，是由创作者结合其自身生活的体悟和感受创作的，是以感性为主，是个人的生活与人生紧密结合的具有教育意义的作品。"经""史""子"里面所包括的内容都是一些人生的道理，比较抽象理性，而真正落实到生活中去，对人生起指导性作用的还是我们所说的诗词文赋，是具有教育、教化的功能的。"文"中展现出来的是更为丰富，更为贴切的人生百态，但是其最终还是指向"经"或者说"经"中所呈现的道理，诗人化用在诗歌中就体现在了意象之中。不同阶层的人对待传统文化的方式也不一样，诗词文赋的作者大多受过正统的儒家教育。从孔子之后的文人儒士大多坚守着积极入世的精神，这样一个群体从先秦一直延续到近代，不曾中断，同时也将中国古代人的世界观也

一脉相承至今。所以由他们创作出来的诗词文赋，尤其是经过历史的考验层层筛选流传至今的作品，都是以济世安民和兼济天下这样一种文化精神为皈依和号召的。并且诗歌是用文字显现出来的中国古人的生活方式：生老病死、吃穿住行、男欢女爱、生儿育女。诗歌中的风花雪月、传统节日都是中国人的思维方式和人生哲学。汉代何休《公羊传·宣公十五年》中写道："饥者歌其食，劳者歌其事"，可见吟诵也是人民诉说自己的生活方式的重要方法。我们大力提倡优秀传统文化教育，强调我们语文课的德育功能和落实立德树人的目标，完全可以抓住传统诗词文赋教育的经验，把其中的文化精神提炼出来，发挥其独特的感性教育功用。相反，我们目前所依靠的大部分都是政治课、历史课，甚至还不如戏曲、小说、民歌等。

如今的语文课堂中，教师往往利用西方的文艺理论解读我们的古诗词，甚至与散文教学相混淆，关注的都是谋篇布局的章法和炼字炼句的艺术，而我们需要明白诗歌是一种运用比散文语言更凝练、更多想象和联想的语言来表达个人感悟的一种独特方式。我们开展古诗词教学要具备两个条件：一方面是了解古人的思想文化，另一方面就是用古人的读书方法读古代优秀文学作品。可以参考传统诗教中鉴赏古诗词的步骤：作者—本事—字词—大义—声韵：文体、韵、入声字、格律等—修辞—意象—诗思文气—主题—中华文化精神—立德树人。我们语文课学习古诗词不能一味地关注语言文字的价值，把它仅仅当成一个怎么描述？描述什么？怎么样的一个语言的技巧性东西，那就有点浪费了。古诗词教学的第一位就是理解作品的主题思想，古人教诗词文赋，更多关注的是其中修身养性的功用，德育是第一位的，所以说古诗词承载着独特的文化精神。古代私塾中吟诵是学生的基础能力，诗人创作时运用语言创造了一个情景交融的美的意境，潜移默化地将自己对世界、人生、社会的观念用诗家语言表现出来。我们通过吟诵可以从声音进入，进而更充分地领略作品的意境之美，同时理解其创作的目的，文字声音对于文学，犹如颜色、线型对于造型艺术，同是宝贵的媒介。初中阶段学生处于青春期，世界观和人生观的塑造非常重要，在这个阶段我们不仅利用吟诵使得学生对于古诗词有浓厚的兴趣，感受到诗词文赋的美感，实际上也打开了我们传统文化教育的大门，从学理角度来讲，凡是真正能引起美感经验的东西都有若干艺术的价值，这是我们中国人自己的教育方式，更适用我们目前的语文教学。通过吟诵这个抓手，要将古诗词的文化精神发扬出来，把我们的语文教学、古诗词教学重新拉回到中华文化这条线上来，重新竖起古诗词教育的德育功能大旗，让古诗词直接立足于立德树人的目标。但是，现代社会的中国人价值观念与古人不同，一味守成不求创新只会让学生陷入遵守规则和道德训诫的盲目复古。我们不可能回到过去，但是传承诗词吟诵可以保留中国人的生活趣味和尊严。

二、古诗词吟诵教学促进初中生文化修养提高

随着时代的发展，我们的教学活动应该与时俱进，不断创新，在课堂中选择与运用教学方法要根据对教学内容的理解进行确定。吟诵与语文教学结合才能使诗歌语言重新焕发生机，师生能在现有的教学经验基础上通过吟诵、品味、赏析中涵养学生的语言能力。同时诗词文赋历来都具有教育、教化的作用，关注吟诵的同时就会探究传统诗教的全过程，加深对传统文化的深层次理解。古诗词教学模式的新变也意味着我们开始注意到中学古诗词教学应该达成的目标，不再是简单的背诵、引用、默写，更多是能够通过自己的声音来品读诗歌的韵味，从古诗词中汲取中华文化精神达到自我教育的功用。吟诵教学最终要达成的目标是学习诗歌中蕴含的语言、文章、文学和文化。常言道"教学有法，但无定法"，鉴于以往课堂中古诗词的教学主要采用教师讲授法为主体，辅之以名家朗读和大量背景资料、图片等，学生就单纯地听、背、默、考，存在着教学模式固化的问题。并且教师要求学生使用默读、朗读和现代朗诵的方法是不能充分地感受古诗词的情味的，这是因为古诗词音节的安排是有特殊的规律的，吟诵是历代读书人使用的读书方法，在长期的实践中形成了一定的技巧规则，能够更好地"因声入境"。

师生运用吟诵来教学古诗词，既是对旧模式的继承和创新，突破了"教有定法"，又汲取了传统诗教的精华"讲吟思化"，学生能够体会到作家创作时根据情感的表现需要精心安排的音节，体会到通过声音的高下、长短、轻重、缓急与内心情感的变化相适应，感受古诗词文的音乐美。教师在教学过程中的亲身示范和个性发挥，学生能够在真实的情境下学习，切实通过声情并茂的吟诵参与到学习的全过程，这会使古诗词教学效果事半功倍，这种突破应该说是

新课程改革下极具有实用价值的。此外，吟诵对于语文教育最明显的功用就是激发学生对古诗词产生浓厚兴趣，进而会产生创作的欲望，用诗词表现内心情感，在声音的领悟中也自然而然关注到了古诗词的主题、意象、结构方法和境界，最终传承其中的文化精神。吟诵是学生学习古诗词的最佳方式之一，学生通过声音体会诗歌所表达的情致、感悟文字深意，以增加学生学习的在场感，是培养学生语感非常重要的一种方式。吟诵时不仅每个人都不同，读每一首诗歌也不同，这种基于理解的表达也能够抒发学生自己的感情，调动其学习积极性，帮助学生提高背诵效率和记忆效果，达成初中学段要求的积累目标。当然随着时代的变化和人的理解不断深入，吟诵也不会一成不变，吟诵学习本身也是一个过程。

三、古诗词吟诵教学促进初中生全面发展进步

传统吟诵还涉及文字、音韵、训诂、文学、音乐等诸多内容，这些都是传统小学的内容。今天这些吟诵过程中需要掌握的基础性知识已经分化为各个专业学科，受西方语言学的影响，今天的文字、音韵、训诂之学已不纯粹，对我们的语文教学和普通话吟诵推广带来了负面影响。学习吟诵的过程就是正本清源的过程，可以清晰地了解中国语言的特点，对语言学研究有重要价值，也有助于打破学术和教学之间严格的界限。学习吟诵，也能够帮助语文教学找到适用于汉语特点的识字和词汇学习方法。此外，《毛诗序》中有："诗者，志之所之也。在心为志，发言为诗。情动于中而形于言，言之不足，故嗟叹之，嗟叹之不足，故永歌之，永歌之不足，不知手之舞之，足之蹈之也。"学习吟诵能够了解中国音乐的旋律生成，对中国的音乐文化发展具有重要价值。现在我们所称的歌手已经成为了一门特殊职业，我们学习流行歌曲或者民俗歌曲大多是模仿着演唱，很少会去改变曲调。传统吟诵原就是文人雅乐，是上层音乐，我们的古人唱歌都是从自己的感情出发，唱自己的词，唱自己的曲，唱给自己或者特定的对象，所以吟诵是中国传统音乐宝库中非常重要的组成部分，各地富有地域色彩的吟诵调也可以为音乐创作提供大量素材。古人唱歌的起点就是吟诵，首先你应该会读，读准确了再依字行腔、依义行调，这是中国音乐旋律的产生机制。我们民族音乐的产生与古诗词吟诵密不可分，学习吟诵的意义也

就超出了文学本身的范围，对于我们研究民族音乐的内部结构，复兴中国音乐有重要作用。

与此同时，也能打破学科之间的壁垒，进行跨学科的学习，使古诗词学习与音乐相连接，使学生能够自吟自唱，丰富了语文课的教学手段。当然依字行腔较容易，依义行调则需要我们掌握音韵格律知识和传统儒家文化的精神内涵。总之，传统吟诵是汉语富有特色的一种有声语言形态，是具有原始意义的汉语声乐活化石，能够帮助我们理解汉语歌唱的基本原理，也是当代音乐创作的源头活水。吟诵也不是一般的声乐艺术，更包括着广泛的文字、文学、文化、历史、语言、教育等诸多方面。

四、古诗词吟诵教学促进初中生道德素养丰润

吟诵还有利于修身养性，帮助师生在繁重学业压力中舒缓身心。传统文化的精髓就是养心修性，吟诵是一种较为感性的、个人的自娱方式，通过吟诵能够愉悦精神，舒缓压力和紧张。首先，吟诵能够调动人的感性思维和形象思维，从作品意境中获得美感以放松心情，这对于人身心健康发展有利。其次，有研究表明，吟诵能够加速血液循环，增强心肺功能，同时可锻炼口腔肌肉，增强表达能力和人的记忆能力。最后，吟诵可以活跃课堂的氛围，改变以往整堂课充斥教师讲授的压抑氛围，调节学生大脑活动，达到最好的听讲状态。

要想读懂古诗词，了解其含义，需要经过四个层次。第一个层次是基本的字义，这也就是今天语文阅读课上第一步要解决的问题。第二个层次就是声音的意义，即读法的含义，这就需要靠吟诵，因为古诗词本来就是吟诵的，而读法的含义又源于汉语语言原有的音义。第三个层次就是意象和意境，就是确定和设计诗歌类文本教学时需要把握的关键点。只有了解了这三个层次，才能谈到理解第四个层次，即文化的含义，才能说学习这篇古诗词达到了传承中国传统文化、了解古人道德思维进而化用于自身的目的。而第二个层次的达成是需要反复的实践，学生要反复地吟诵，反复地修改、查阅资料才能够达成。现在的语文教育要求落实立德树人的目标，通过学习古诗词能传承传统文化，但是落实起来较难，毕竟现代科学技术时代下人们的价值观早已不同古人。但是埋头读书和道德教育不矛盾，孩子们了解社会的基本途径依然是读书，但是在读

的方式上出现了误区，学生光记结论地读，概括中心思想地读，由书本到试卷地读。问题的根本是所教读的方式出现了问题，教师生硬地讲解古人的道德。如果读的同时能历史地、现实地观察思考，那么古诗词教学依然可以落实品性教育的目标，埋头读书也没问题，一旦他们读得视通万里，抬起头来一定会超出小我而关注大我。如果还是一味地以道德化地感动，形式化地汇报、表演，还不如不学古诗词。掌握知识很容易，掌握能力却不易。韩雪屏曾说："语文课程结构的发展趋向：由知识系统变为训练系统；由文体循环系统转变为能级递进；由范文讲读转变为言语实践。"开展吟诵教学要关注"语言实践活动"，提倡方法的教学，鼓励学生运用吟诵多泛读各种文体，系统了解古人的思想文化，在真实语言运用情境下开展言语实践活动和任务式教学，而不是机械地讲解和记背知识。

第二节　中学古诗词教学与语文核心素养培养

古诗词凝聚着中国文学与文化的精华，古诗词教学对学生全面发展具有举足轻重的作用。作为初中语文教师，笔者认为对学生学习古诗词的要求，绝不能只停留于背诵、默写、概括思想内容的粗浅层面，而应充分利用"古诗词"这项教材中的重要组成部分。通过让学生在学习中进行阅读与鉴赏、表达与交流、梳理与探究等学习活动，达到既学文字，又学文学，还能学文化的目标，全面提高初中生语文学科核心素养。

一、语文学科核心素养解读

（一）语言建构能力

在《现代汉语辞典》中的"语"为"谈论、议论、辩论"的意思。在《说文解字》中"语"字也被论述为："语，论也。"语言是人类进行沟通交流、表情达意的重要手段，是人类交流思想的媒介，在日常生活中的重要性也不言而喻。在素质教育风靡的今天，培养学生的语言能力也成为当下教育改革的重点。《全日制义务教育语文课程标准（2011年版）》（以下简称新课标）对中学生的培养要求是："培养热爱祖国语言文字的情感，增强学习语文的自信心，养成良好的语文学习习惯，初步掌握学习语文的基本方法。"由此可见，语言不仅承担了交流的重任，而且也是承载人类思维的工具，亦是培养学生审美能力和综合素质的载体。中国古典诗歌是中国文学史上最早成形的文学体裁，其简短、生动的形式，表现出中华民族语言的力量，也蕴含着无穷的魅力。古典诗词的语言风格丰富多样，不论是清新晓畅的语言，还是含蓄隽永的内涵，都是诗人在遣词造句、炼字表意等方面所体现出来的艺术特色。对初中生语言能力的培养大有裨益。

　　古诗词大多简短，言简义丰，其丰富的思想、情感蕴含在了文字中。学生需要掌握一定的古代语言知识和语法规律，借助相关的背景资料，才能掌握诗词的基本思想内容。而要求学生将其所理解到的内容与大家交流，则是通过古今语言的迅速切换，训练学生的语言建构与运用能力。教师若在课堂上能巧妙地设计一个谈论的话题，既避免了单调枯燥地概括分析诗词的思想内容，又能引导学生深入思考，点燃他们表达交流的热情，为训练学生的语言表达和交流创建一个平台。这种话题的设置，要紧密联系文本，抓住重点，覆盖全篇，还要有一定的高度，提升学生的阅读认知能力。

　　例如，在教授李商隐的《无题》时，教师先示范，根据诗的内容说出"思念，无论生与死"，理由是诗中有"相见时难别亦难""春蚕到死丝方尽"的句子。接着让学生仿句，说说从诗中读到的内容。

　　有的学生回答：思念，无论年少还是年老，因为诗中有"晓镜但愁云鬓改"，清晨起来照镜子，发现一夜间霜染双鬓。

　　有的回答：思念，无论朝与暮，"晓镜但愁云鬓改，夜吟应觉月光寒"，白天他心中的思念悠远绵长。在夜深人静时，他的思念之情更是满溢出来。

　　还有的回答：思念，无论相见还是别离。"相见时难别亦难"，不管是在一起还是别离，那种思念都是绵缠不断的。

　　教师点评：说得真好！这种思念，跨越了时空的界限，冲破了生与死的隔离……

　　这个环节帮助学生深刻领会了诗中最重要的情感——思念。以一个仿句"思念，无论是……"为切入口，抓住要害，既尊重学生的阅读体验，提升了学生的阅读能力，又精准地把握住语文学科核心素养中的"语言建构与运用"，通过这个问题来检测学生的表达能力，在潜移默化中锤炼学生运用语言文字的本领。

（二）思维发展能力

　　思维能力的培养是义务教育阶段学生必须养成的一项重要能力。新课标强调学生的思维能力主要包括：理解思维能力、认知思维能力、创造思维能力和想象思维能力。中国古典诗词以其独特的灵动方式，能够提高鉴赏主体的理性智慧。在语言高度凝练、篇幅短小精悍的古典诗词的学习中，学生可以通过对诗词语言的品读，对意象的学习和掌握，对意境的体味以及对诗境的想象和联想，从而获得古诗词阅读与鉴赏的思维方式，使学生获得长足的发展。

古诗词简洁精辟的语言十分有利于增强学生的形象思维能力，获得对语言和文学形象的直觉体验。诗歌的语言具有跳跃性，在思维方式和行文的语法结构上具有背离性，于是产生了留白和含蓄的艺术特点，常需借助想象去填补艺术的空间，这种想象不是天马行空的，而是要符合情理逻辑。教师可以通过评估想象得是否合理，培养学生的批判性思维。

仍以教授李商隐的《无题》为例，教学中拓展阅读了唐婉答陆游的《钗头凤》："世情薄，人情恶，雨送黄昏花易落。晓风干，泪痕残。欲笺心事，独语斜阑。难，难，难！"在讲述了陆游与唐婉的故事以后，教师抛出一个问题："《无题》中有两难，《钗头凤》里三次提到难，你认为谁更难？为什么？"

生：我觉得李商隐的"难"更难。陆唐二人还有相见的机会，而李商隐的却是天上人间的隔离。

师：这是凡间和天界的阻隔，确实难。

生：古代男的可以娶三妻四妾，而女子被休以后，生活是比较艰难的，我觉得唐婉的三个"难"，道尽了她被迫与陆游分离的苦。

师：一个是已成过去，一个是正受煎熬，一个是还将持续。你有新发现。

生：李商隐九岁丧父，后介入牛李党争，生逢夕阳晚唐，一辈子位沉下僚，漂泊无依。他这一生都难。

师：你能联系背景材料来解读诗歌，知人论世，很好。

这个问题有难度，回答此题需要经过复杂的思考，学生的解答如果只限于"诗里有什么"，那是较低级的思维，而如果是"我读出了什么""我怎么看"，就属于较高层级的思维——批判性思维。学生经过理解、判断、比较等思维过程来解答问题，这些过程正是训练批判性思维的必要环节。

（三）审美鉴赏能力

随着新课改的不断推行，语文课堂教学越来越重视对学生审美能力的培养。部分教师企图在音乐、美术等文艺学科中培养学生的审美能力，却忽视了语文古诗词同样是培养学生审美能力的重要途径。纳入统编版语文教材中的古诗词都有着生动语言、丰富形象、真挚情感以及深刻哲理。挖掘语文诗词中的美感，带领学生感受中国古典诗词中独特的艺术魅力，培养学生体会诗词意境中的美感，成为当下初中语文教学的重点。统编本语文教材中选取的诗词，都是教育专家们悉心筛选出的佳作，都是作者情到浓处之时的力作。这些作品不仅讴歌了生活以及人性之美，还饱含着作者高度的理想情感。教材中的诗词名篇都蕴含着深刻的审美内涵，都是优质的美育材料。因此，初中语文教师不仅要将诗词之美贯穿于语文课堂活动之中，还要最大限度地带领学生感受诗词中的美感，丰富学生的审美体验。

了解"美"和传承"美"是相辅相成的。教师首先要让学生在古诗词中感受到美，汲取中华传统文化中美的精华，进而提升学生的审美品位，最后促使学生成为优秀文化的传承者。

古诗词里有风花雪月、草长莺飞，有故土离人、家国情怀，有豪情壮志、依依别情……

古诗词里有美景，有真情，有丽音……古诗词的形象和情感之美能增进学生对汉语言文字的审美体验。初中生的审美观尚在形成，教师应做"美"的推介者、"美"的传播者，让学生浸润于优美的中国古典诗词中，通过优美文字的熏陶，促使其形成正确、高雅的审美观，进一步提高审美品位。

诵读是教授诗歌常用的方法，也是领会诗词之美的一个重要手段。诵读训练要经过精心设计，由浅入深、由低至高，教学流程呈阶梯式，学生拾级而上，一步步领会诗人的丰厚情感，品味诗歌的精美意境。

初中阶段的诗歌教学诵读训练可经由"读出节奏—读出情感—读出思想"这三级阶梯，让学生能最终领会诗歌的创作主旨、领受诗歌的美。

例如，在教授《蒹葭》时，可以通过组织多种形式的诵读，一步步将学生带进诗歌的独特意境中，形成对诗歌的理解。一是静读涵泳，品味诗歌的内容美；二是浅吟低唱，品味诗歌的画面美；三是含英咀华，品味诗歌的音韵美；四是个性吟咏，品味诗歌的意境美。

古诗词能唤醒学生的审美意识，在学生心中播下美的种子，让学生成长为有温度有情怀的人。

古诗词中有丰富的中华传统文化知识，如称谓、历法、地理、科举、礼俗等，此外，蕴含其中的还有博大精深的思想文化，这些对学生文化素养的提升有着积极的意义。

以《子衿》的教学片段为例：

师："衿"为何是"衣"字旁？

生：与衣服有关。

师：是的，衿的意思是衣襟，"今"是声旁，这是典型的形声字，汉字中数量最多的一个类型。

师：青青子佩，古代君子是喜欢佩玉还是戴金呢？

生：佩玉。

师：是的。我们的民族是一个尚玉的民族。君子无故，玉不离身。君子如玉，温润而泽。

读出诗的深层意涵，品味出诗的灵魂，就领悟了诗中中华文化的精髓。教师在重点词的教学环节时，从造字法的角度教学生读懂字，从一个"佩"字，引出"玉"这个我们民族独特的文化符号。教师从教文字，到教文学，最后教文化，站在了语文教学的最高处，使语文课堂呈现出语文思维、审美、文化的交织和碰撞。

（四）文化传承理解

社会主义核心价值观的形成，是中华千百年优秀文明成果中沉淀出的精华。想要贯彻落实社会主义核心价值观，就必须要将传承中华优秀传统落到实处，如果我们丢掉这继承了千百年的精髓，丢掉华夏文明的根本，就等同于与自身精神文化相背离。作为当代青年，将中华文化传统融入自己的筋骨，将中华优秀民族精神融入血液，我们才能在纷繁复杂的世界文化中保持本真的自己，在世界文化竞争中占有一席之地。新课标要求，当代教师要带领学生多品读中国经典文学，在赏析文学著作的过程中，培养学生乐于读书、善于读书的良好习惯，通过文化著作的研读提升文化内涵。通过对古典诗词的深层感受和感悟，学生可以提高精神境界，拓展文化视野。通过对古典诗词的学习，学生可以增长见闻，仿佛置身于千年前，领略古人的风采，体会诗人们的思想感情；通过对古典诗词的学习，可以令学生们更加了解中华民族优秀的传统文化，拓宽学生的文化视野。这样优秀的诗作可以带给学生非同一般的美妙感受，也有利于中华传统文化的继承和发扬。

为了能够让初中生在诗词学习中更好地理解诗词的历史文化底蕴，传承优秀传统文化，我们不妨在诗词教学中采用一系列的拓展活动，让初中生在亲身实践中身临其境地感悟优秀传统文化的内涵和魅力。比如，在古诗词教学的过程中，笔者便让学生通过主题班会、辩论赛（比如，历史人物是非功过等相关方面的评论）以及读书会等活动对诗词本身、诗人及其创作的历史背景等进行深入的探讨与交流。如此，学生不仅能够在热闹的气氛中感受诗词等优秀传统文化的独特魅力，还能在与大家共同讨论的过程中收获更多的知识与见地。

在古诗词中蕴含了非常丰富的人文内涵，对学生后期的学习和发展有非常深远的影响。因此，在开展古诗词教学的时候，要体现出古诗词中包含的内容，对学生进行广度和力度的熏染。尤其是古诗词中包含了先民的知识体系和观念体系，人文底蕴非常深厚，比如，在《满江红》《破阵子》中，充满了令人振奋的爱国情感和可歌可泣的民族气节，对培养学生的社会责任感具有非常重要的现实意义，而且能够让他们树立正确的价值取向。还有在《九月九日忆山东兄弟》《静夜思》中，涵盖了非常浓郁的思乡情怀，可以让学生树立热爱家乡的情怀。在优秀的传统古诗词文化中，是中华民族语言文字的精髓，是民族瑰宝，也是中华民族能屹立不倒的基石。

二、初中生诗词教学中语文学科核心素养

（一）诗词吟诵中核心素养的形成

1. 品字悟词，培养语感

语文是语言和文字的综合体现。叶圣陶先生曾在《语言和语言教育》这篇论著中指出："思想的活动必须依傍语言，思想的定型必得拿出语言，思想的交流必然依靠语言。"中国古典诗词是中国优秀文化的瑰宝，从春秋时期的《诗经》开始，思想情感就已经隐晦地暗含在作者的文字下，蠢蠢欲动的顷刻间，给人以无限遐想。《论语》则是以简明有力的语言将孔老夫子的非凡智慧传达给世人。古典诗词发展到鼎盛的唐宋时期，其体现的语言能力就更显本色了。一些文人志士将自己的一腔壮志以挥毫泼墨之豪势表达出来，洋洋洒洒，

流传至今。语言的基本功能是表情达意，交流探讨，进而建构每个人所固有的精神世界。因此，在培养初中生学习古诗词的过程中，要引导学生以诗词中的语言符号为基点，探究作者所作诗篇背后的深层意蕴，感悟作者通过语言表达出的独特感受，进而综合提高初中生语文核心素养的语言能力。

2. 体味诗境，提升思维

新课标在培养学生语文素养思维能力中的要求是："在发展语言能力的同时，发展思维能力，学习科学的思想方法，逐步养成实事求是、崇尚真知的科学态度。能主动进行探究性学习，激发想象力和创造潜能，在实践中学习和运用语文。"注重学生思维能力的培养，对提升学生语文核心素养大有裨益。学生通过诗词中文字的排列整合，感受中华文化的恢宏博大，形成自己独特的思维方式，获得思维的发展。中国古典诗词相对于西方诗歌而言，其最为精妙之处，就在于诗词中展现的微妙意境，可以引发读者与作者思维的碰撞，能够使读者漫游在作者所描绘的"幻影"中。通过学生对诗词语言和文学形象的直觉体验，能丰富自身对现实生活和文学形象的感受和理解，探究和发现诗词中的语言现象和文学现象，形成自己对语言和文学的认识，提高语言运用能力和思维的深刻性、灵活性、敏捷性、批判性、独创性。

3. 融贯诗文，感悟美感

审美能力是指学生在语文活动中体验、欣赏、评价、表现和创造美的能力及品质。新课标指出："在语文学习过程中，培养高尚的道德情操和健康的审美情趣，形成正确的价值观和积极的人生态度，是语文教学的重要内容。"中国古典诗词能够历经沧桑岁月而不衰，饱受侵袭而毅然挺立在东方之巅的一个重要原因，就是我国传统文化诗词中蕴含的美感感受，是其他文化所替代不了的。从其自身的内在价值出发，首先古诗词所传达出来的语言美，就容易使我们沉醉其中，不能自拔。有些古典诗词作品，历经百年后，至今仍以音乐、朗诵等形式在民间广为流传。究其原因，就是古诗词中所表现的艺术美感将人折服。其次，诗词中平仄和谐生动，节奏随律押韵的韵律美，也能给学生带来愉悦的精神体验。最后，诗词中作者通过奇妙意境的构建，更能让学生感受到中国古典诗词的别样魅力。因此，发挥诗词审美功能，激发学生审美情趣是培养学生语文核心素养的重要渠道。

4. 积累诗词，传承文化

泱泱中华，上下五千年文化，遭遇的变迁数不胜数，许多优秀的中国传统文化随着历史的轨迹，渐渐淡化出我们的视角。但与之相对的却是中国古典诗词日益受到推崇，正在以新的形势重新走入我们的视野。人们随着对《中国诗词大会》《经典咏流传》等关乎中国优秀传统文化诗词的节目的关注，日益陶醉于老师们对诗词的解读，仿佛回归于千百年前的世界，体会着古代文人志士们的喜悦与感伤、惆怅与无奈。中国古代的诗人词人们，将自己的思想情感付于笔端，用文字的形式让我们体悟到不同时代、不同形式下的精神文化内涵。中国诗词，饱含了源远流长的中国优秀精神文化和历史文化，发挥诗词文化价值，对培养学生核心素养也具有至关重要的作用。

（二）核心素养下初中古典诗词教学对师生发展路径

1. 教师成长路径

（1）文本细读，探究语言魅力

吕叔湘先生曾说："文本细读就是从语言出发，再回到语言。文本细读就是在教师的引领下，学生通过字里行间的阅读，逐字逐句地摸索。""古诗词是中国古代语言的精华，它善于在有限的篇幅内用高度概括的语言将丰富的生活现象、深厚的思想情感凝缩到最简单而又最简约的形象中，体现了作者独特的生活经验和审美感悟。"在统编版初中语文教材中，诗词题材广泛，篇目繁多，不同风格各有其精妙之处。初中生正值由小学到更高阶段的发展过程中，其知识经验、认知能力和感受能力具有非常大的局限性，这就需要教师带领学生对文本进行更深层次的探究，细细品味文本中的语言、意向、情感和表达形式，在分析的过程中，感悟古典诗词深刻意蕴。王安石《登飞来峰》有云："不畏浮云遮望眼，只缘身在最高层。"白云浮兮，萦绕在旁；吾不惧兮，眺望直观。读取诗词表意，诗人描绘的是登上高塔后所见的壮丽景象。但探究诗词的背后，诗人以"浮云"象征当时的保守势力，以"最高层"象征政治上的最高决策。诗中的词句无不表达了作者为了实现自己的政治理想一往无前、奋不顾身、不屈不挠的精神。一个"畏"字更表现了作者对未来充满坚定信念、高歌猛进的决心。想要对诗歌进行深层次的艺术分析，第一步就是要对诗词语言进行细细品读，感悟诗词词句表达的深刻含义，在语言的基础上分析诗词深层意蕴，细读文本，推敲揣摩，才能真正感受到古诗词中的艺术魅力。

（2）多元解读，培养高阶思维

思维是抽象的，是人们在面对具体表象事物或抽象概念观点时，大脑建立的对已有客观事物的理解、认识，形成的一种对客观事物能动的、间接的和概括的反应。高阶思维，则是人们在面对复杂问题时，投入大量有意注意和元认知参与，使思维在原本模糊不清的状态向具体系统化的理性思考方向转变的思维过程。初中古典诗词，有着文质兼美的文艺特色，教师通过创造轻松活跃的课堂氛围，引导学生探究诗词隐含的价值，引发学生对文本进行深层思考，形成阅读顿悟，乃至妙悟。每个学生依据自己的个性化解读，在课堂上形成"百家争鸣"的活动氛围，促进文本多元解读的同时，也有助于促进学生高阶思维的培养。首先，激发学生对诗词主题思想的多元性的思考。古典诗词是对不同时代背景下的社会、世界、文化的展现。在教学过程中，教师要带领学生把握文本的情感思想，依据学生对文本的多元解读，挖掘诗词的主题思想。其次，教师要培养学生以"时代性"视域角度解读文本。接受美学理论的创始人姚斯认为：文学作品之所以惊骇于世，就是因为它是以共通灌融的方式，向每一个时代的读者提供同样的观点，以引起人们思想的共鸣。中国古典诗词之所以能够流传至今，仍给世人情感上的感触和精神上的洗礼，就是因为诗词中表达的内在意蕴不仅仅是当时时代的情感体现，而是作者将人类共通的精神感受透过简洁精炼的字词表达出来，随着时代的变迁和社会的发展，诗词的意蕴也增添了与原本意图更加丰富的内涵。这就需要教师在课堂教学中，引导学生以时代性视域的角度，多元解读诗词，拓展学生思维，培养学生高阶思维。最后，教师要引导学生以"多元文化"视域角度解读文本。文化视角是社会历史角度的一个分支，学生通过文化视域角度解读古典诗词，会比一般的社会历史角度更深一层。例如：陶渊明《饮酒》中，全篇写悠然南山下，作者采菊东篱，看袅袅青烟绕山弥留不去，听飞鸟啾啾徘徊南山之际，作者静心于自然幽静远邈的环境之中，不羡他人聚居繁华街道，醉心应酬奢靡，只是自身忘情于田园生活，表现出其不为世俗所干扰，超尘脱俗的人生境界。但诗题却为《饮酒》，文本内容却与饮酒毫无瓜葛，揣测文本深层含义，《饮酒》中作者以酒寄意，表现作者醉心于自然田园风景，抒发了对现实的不满和与纷繁杂乱的社会相背离的超脱志向，抒发了对自然的热爱，袒露出生命深层的本然状态。多文化视域角度解读文本，更有助于学生感悟不同文化背景下的社会状态，促进学生思维的发展。教师以多元角度带领学生邀游于诗词的意境，进行多元解读的同时，切记要在文本内容、作者所处时代背景以及作品中的关键词语的基础上，把握作品的主题，切不可脱离文本进行解读。在古诗词的教学过程中，学生要具备强烈的自主意识和开放意识，不要偏爱盲从一致，要切身体悟诗词内涵，感悟诗词语言带给我们的阅读初感，在此基础上，进行想象与思考，有个性地独立思考文本和解读文本，获得独特的精神体验，进而促进自身思维能力的不断发展。

（3）对比分析，更新美感体验

在中考的古诗词鉴赏题型中，经常会出现两首主题风格相似的诗，让考生进行比较作答。这个就是古诗词鉴赏方法中的比较分析法。由于生活的社会背景不同，诗人所表达的语言、情感和展现的意境也会有所差异。在教学过程中，教师就可以通过对比赏析的方法让学生体会不同风格的诗词的不同的特点，以激发学生对中国诗词的审美感悟。

首先，语言感知对比中国语言博大精深，内涵丰厚。教师可以把苏轼的《密州出猎》与李清照的《声声慢》放在一起，带领学生进行对比赏析，感悟两大诗词流派在语言表达上的不同，宏观分析古典诗歌的表达形式。相比之下，作为豪放派的苏轼诗词在语言上多豪迈壮阔、大有酣畅淋漓之感，带给人一种"轩昂勇士，一鼓填然作气，千里不留行"的豪情壮志。而作为婉约词派的李清照的作品，词调蕴藉、含蓄委婉，给人一种"幽幽柔情似水波"之感。教师带领学生感悟不同流派的诗词语言特点，既可以使学生感悟中华语言富含时空的妙意，也能够使学生透过语言文字，品味它辩至难明，味之难切的诗意。

其次，韵律体验对比古诗词以其平仄和谐生动，节奏随律押韵的特性，经常会让我们感受到其独特的韵律美。通过对不同类型诗词的韵律品读，学生也能感受到诗词中独特的美感。将《满江红》和《浣溪沙》进行韵律对比，秋瑾的《满江红》中，语言质朴，但韵律感极强。"身不得，男儿列。心却比，男儿烈！"词组排比短促有力，一经品读，给人以壮志豪情满怀的同时，又带给人一种深深的无力之感。而《浣溪沙》这首词，曾经是唐代教坊名曲，音律轻快，句式工整，行云流水般的韵律展现了中国古典诗词天然的流畅，使人一经品读，就能感受到诗词中细微的而又情意深刻的美感。通过两首词作的韵律对比，学生能通过诗词随律押韵特点，体会中国诗词独特的艺术美感。

再次，情感抒发对比在同一情感的抒发方式上，不同诗人由于性格、经历的差异，其情感方式的表达上也略有不同，教师可以将情感具有相通性的诗词进行对比分析，带领学生感受中国古典诗词的魅力。例如可以把辛弃疾《破阵子·为陈同甫赋壮词以寄之》与张养浩的《山坡羊·潼关怀古》两篇词作放在一起进行对比赏析，这两种诗歌写作年代不同，表达方式不同，但都是在作者内心极为无奈的情况下所作。辛弃疾醉梦战场，挥斥方遒，豪情万丈，战马疾驰，点兵沙场。只可惜，一朝梦醒，白发垂肩，时光早已不复当年。张养浩山河潼关路，踌躇望西都，想到万间宫阙朝夕之间化为尘埃，想到百姓黎民生活于水深火热的苦不堪言，心中的无奈与同情全部付于笔端。二者皆是写心中的无奈，但在情感抒发上，却给我们营造了两种不同的艺术氛围。通过二者的情感对比，也能够做到通过情感的对比分析，进而更新学生美感体验的作用。

（4）文化拓展，扩充视野界域

"登山则情满于山，观海则意溢于海。"想要通过古典诗词提高学生的文化内涵，只局限于教材中的几首诗词，只能是杯水车薪。学生在完成课内古诗词的学习活动后，教师可以引导学生查阅学习同作者或者同类型的古诗词，进行课后阅读深加工，不同时代的不同文学背景，诗人的生平经历，写作背景等等，这些知识都是靠平时的阅读和积累获得的。积学以储宝。想要切实提高古诗词鉴赏能力，自然离不开身体力行的文化积累。教师引导学生品读名家的赏析文章、作品，带领学生感受不同诗（词）人的文艺作品，对拓展学生文化视野，感受中华文化博大精深的艺术魅力也大有裨益。学生只有注重古诗词的积累，培养良好的阅读和学习习惯，鉴赏古诗词的能力才会显著提高。

（5）秉要执本，掌握鉴赏方法

《文心雕龙·明诗》中有言："诗有恒裁，思无定位，随性适分，鲜能通圆。"意思是说，写诗作词有恒定的形式，赏析解读诗词更有其特有的鉴赏方法。在中学语文教学研究中，如何提高中学生鉴赏古诗词能力，是尤为重要的一个问题。在具体的教学环节中，教师要引导学生掌握基本的鉴赏要领，主要可以从以下几个方面进行分析：

首先，紧抓要点，直击内涵古典诗词中的诗眼是理解诗词深层意蕴的主要切入点，是感受作者抒发情感的枢纽。题眼是古诗词题目中起到提纲挈领作用的字词。把握诗词中的诗眼、题眼是提高学生鉴赏能力的重要手段之一。诗眼、题眼在诗词中的重要之处，就在于它能生动传神地表达作者的思想情感。教师要善于引导学生抓住诗词中的重要字词，将其作为打开诗词深邃内涵的基点，带领学生进行深度沉浸式领悟，提高学生鉴赏诗词的能力。

其次，赏析意象，神与物游意境指诗词中所表现出来的氛围和境界，是作者营造的一种意蕴悠长的感受氛围。意象是构成意境的"原子"，若干和意象的联动排列组成了诗词中富有深邃内涵的绝美意境。大部分诗词都会运用意象联动的方式，来表达诗词中暗含的深刻情感，给读者营造一个意蕴悠长的想象空间。当诗人想要表达一种感情时，会情不自禁地将这种感情付诸这些具体的事物上，也可以简单地理解为在创作中使用的"代码"。在古典诗词中，常见的意象有：明月、松竹、菊花、莲花、子规等，这些意象有表示思念亲友故人的、展现刚正不阿的人格魅力的、体现高尚的道德情操的。例如范仲淹的《渔家傲》一词中，作者运用了大雁、落日、孤城等意象，展现了一幅塞下秋景图，边塞环境恶劣，而在这秋风萧瑟的氛围中，几只大雁飞过，留下了阵阵凄凉。又如李白《闻王昌龄左迁龙标遥有此寄》中，作者通过使用"子规"这一意象，来表现诗人寂寥、悲切的感情，也蕴含了诗人独自漂泊在外的飘零悲痛之感。马致远在《天净沙·秋思》中，更是将意象美感利用到了极致，作者通过一系列意象的简单排列，勾画出了一幅孤寂荒凉、淡雅质朴、意蕴深厚的唯美景象。不需要浮夸的手法，仅是意境在头脑中的简单展现，就能使学生置身于既浩大又微妙的时空之中。正如《文心雕龙·夸饰》中所言："谈欢则字与笑并，论戚则声共泣偕。"在古诗词中作者会把自己丰富的内心情感借助外在的客观物象充分表达出来。因此，在初中古诗词教学过程中，教师不仅要带领学生感受诗词中恢宏磅礴的意境，也要带领学生通过意象的赏析，感受作者的气韵。

再次，品析意境，景中觅情袁行霈在《论意境》中写道："意境是诗人的主观情思与客观事物互相交融而形成的艺术境界。"想要引导学生感悟诗词的深刻内涵，就不得不借用诗词中的深邃意境进行分析。二者皆为大多数诗歌创作不可或缺的要素，所以在古诗词教学中，语文教师一定要教会学生如何运用联想与想象将古典诗词中的意境在脑海中勾勒出来，并且使学生能够运用恰当的语言加以表述。通过对古诗词中意境的赏析，能够增强学生们的鉴赏能力的同时，也能丰富学生们的审美情趣。例如：杜甫《春望》一诗中的颔联就借助"花""鸟"两个意象，表现"花无情而有泪，鸟无恨而惊心"的时代特征，作者将自己的思想感情融入到了"花""鸟"之中，使学生能够充分感受到作者内心的悲苦不堪与忧国忧民的高尚情怀。因而，在古诗词的教学中，学生在鉴赏古诗词时，就需要教师一点点帮助学生找到诗中的意象，再将意象系统描摹，联结在一起勾画成深远意境，经过不断的建构与整合，帮助学生们更好地品味诗歌的韵味，感受作者的思想感情。

最后，借用典故，怀古伤今正所谓"怀古伤今，更深一层"，中国古诗词鉴赏中品析引用典故的奇妙之处十分重要。用典这一手法，是作者借用古典经典故事、历史神话传说等方式，来表达自己的愿望或情感。教师在教学过程中，应引导学生透过文本所用典故，感悟作者所要表达的深刻情感。例如：在王绩的《野望》一诗中，"相顾无相识，长歌怀采薇。"作者引用伯夷、叔齐不食周粟，隐居山林，采薇而食，最终饿死的典故，来表达自己茫然若失、孤苦无依的苦闷惆怅。但如果学生不了解这一典故，那对诗词的解读必然不会深刻，也就无法理解诗人的深刻情感。在教学过程中，只有教师引导学生掌握了基本的鉴赏方法，学生才能真正实现自主学习，在学习过程中才可以熟练品析语言，提高鉴赏能力。学生从不知如何鉴赏到掌握方法轻松应对，这既提高了学生的学习兴趣，也培养和提高了学生的鉴赏能力。

（6）更新观念，落实核心素养

为了适应不断变化的国际教育新形势，当代教师应该以新的教育观念指导自身的教育实践。当下，以立德树人为核心的教育理念成为教育形式的主流，落实学生语文核心素养，成为教育的主要趋势。初中语文教师作为培养学生的主要带头人，要做到坚持追寻并坚守教育的本质的能力，一方面跟随时代的发展，与时俱进，引领潮流；另一方面要认真地回归教育本源，追溯教育的本质，做学生成长的陪伴者和引领者，将目光锁定于培养学生综合能力，思考培养学生核心素养的践行方法，将语文核心素养理念落实到日常古诗词教学活动中去。教师还要树立正确的教学观。现如今，古诗词的教学偏向"中考化"现象严重，部分教师以中考为指挥棒进行古诗词教学，究其原因，是教师教学观念出现偏差所导致。作为新型教育形式下的新型教师，要将教学视为促进学生的健康、幸福和发展的催化剂，引领学生的价值追求，净化学生的心灵世界，做到以人为本，以学生为本，当好学生成长的引路人，在教学过程中，将核心素养落到实处。

2. 学生成长路径

（1）涵泳吟诵，品味语言

吟咏之间，吐纳珠玉之声。在传统的古典诗词教学中，诵读一直是语文诗词课堂教学中的必备环节。往往是上课伊始，教师通过自读或多媒体播放音频的方式，带领学生反复诵读诗歌，以加强学生对诗词的理解。但是，教师在这里关注的仅仅是朗读的作用，而吟咏并非如此。事实上，吟咏是古人在创作或学习诗词的过程中使用的方法，最早的蒙学读物也都是用这样的方式进行传授知识的。因此，吟咏是符合诗词教学规律和学生发展的心理特点的。并且，新课标要求7—9年级的学生能够"诵读古代诗词，阅读浅易文言文，能借助注释和工具书理解基本内容。注重积累、感悟和运用，提高自己的欣赏品味。"汉语相较于其他语言形式来说，最大的不同之处在于，汉语具有独特的音律美，不同声韵的变换，形成了独特的平仄。因此，初中生不仅要学会吟咏诵读这些优秀的古典诗词，还要在诵读的过程中感知诗词韵律，进而体悟诗词的深刻意蕴。吟咏具有韵律感和节奏感，它不同于简单的机械朗读，朗读的速度偏快，不利于学生体会诗人的情感。吟咏舒缓得宜的节奏，可以给学生以画面感，可以让学生真正地感受诗文，走进诗文，也有助于学生理解作者所要表达的情感。通过吟咏学生还可以感受到诗歌独到的音乐美，提升学生们对古典诗词的兴趣，颐趣养心，培养学生的古诗词阅读能力。

（2）知人论世，深悟情趣

读书诵书的前提是知人。知人论世法主张在了解诗词的同时必须了解作者其人，这样才能充分感受诗人的情感，与诗人在情感上产生共鸣。鲁迅先生认为："想要知人论世，就要在看遍诗人文集的基础上，细细品析作者历经的沧桑岁变，这样才能真正领悟作者想要表达的深蕴内涵。""知人"就是要了解作家的生平以及所处的时代背景等信息，进而解读诗词。如在教授杜甫的《茅屋为秋风所破歌》时，如果仅是就文章分析杜甫晚年僵卧孤村的状态，学生未必能够做到切身体会杜甫一生"尚思为国戍轮台"的壮志豪情。但如果教师能够先让学生了解杜甫饱受人生穷苦，阅尽人生丧乱的人生经历，那么学生感悟本诗的深切内涵也就不难了。宁苦己身也要利国利民，通过对杜甫的了解，学生也会感悟到诗人杜甫忧国忧民的伟大形象。"论世"则是要了解诗人在创作作品时的社会背景，了解作者所处。例如在讲授李煜的《相见欢》时，教师应先将李煜跌宕起伏的一生展现给学生，进而让学生感受这首词的深层内涵。从昔日高高在上的国君帝王，到今日惨景凄凉的楼阁囚徒，面对这样的落差，李后主不禁愁思难抑，挥泪写下了这篇感情深切的佳作，表达了作者悲痛沉郁的心情。学生在理解这首诗的创作背景的基础上，就可以很快读懂作者所要表达的弦外之音。

（3）联想描摹，境中会意

古典诗词本身就蕴含了许多的意象，也会给学生营造不同的意境，学生更应该展开联想与想象。通过联想，学生可以从一事物想到与之相关的另一事物。通过想象，学生可以创造出新的事物。在古典诗词中，有很多具有画面感的诗歌，在学生了解了作者的生平以及创作背景后，学生就需要借助联想和想象的力量，将自己与诗作融为一体，在精神上达到高度的统一。通过联想描摹，也可以提高学生的创造力和审美情趣，激发学生的想象力，促进学生高阶思维的培养。

（4）尝试创作，躬行实践

任何学习都应将理论付诸实践，否则都是纸上谈兵。初中生学习古典诗词更是如此。创作诗歌的环境发生了改变，创作的主体也发生了改变，所以完全可以融入当代的因素创作出属于这个时代的作品。学生在初步尝试创作时可以贴近现实生活，这样创作的素材比较好提取，也使作品更贴近人们的生活。在不断地发展完善的过程中，学生就会逐渐培养起创作兴趣，使创作诗词成为自己的爱好，这样也就加强了学生的文化素养。

第三节　多元化的初中古诗吟唱教学模式

一、初中古诗词吟诵教学面临的问题

（一）千篇一律的教学模式

教师教学活动中忽略中国诗歌的特点，尤其是诗歌外在形式所表现出来的音韵美。诗歌是用凝练而富有韵律的语言创造意境，反映社会生活的一种文学样式，诗歌文体特点决定了其具有语言凝练、结构跳跃、赋有节奏韵律的特点。在我们目前的中学语文教学实践中古诗词教学的目标不清晰，教师往往混淆古诗词和文言文教学的重难点，不注重诗歌文体和体裁的特点，对适用于不同文体的读法也不重视。教学目标的不明确带来了教学方法的固化，教师侧重分析其中的作家介绍、创作背景、重难点字词和写作手法等，在古诗词教学中读古诗词、纠正字音、明确字意、疏通诗（词）意、归纳主旨、分析情感、学生背诵成为固定教学模式，古诗词教学模式千篇一律。教师投入的讲解时间与实际效果成反比，学生掌握的效果也不佳。这种单纯依靠串讲和意译是无法激发学生理解古诗词的内涵的，所以学生只能依靠教师的讲授或依赖参考书完成对诗歌内容理解和主旨情感的把握，反而显得"虚"。

我们国家有2900多年都是用古代汉语创作的文学作品，只有最近100年才使用现代汉语，这就在语文古诗词教学中产生了当代以现代汉语为教育的人如何阅读古代的文学作品的问题。这种"字字落实，句句翻译"的教法毁掉了古诗词的言外之意，造成教学的浅薄化、庸俗化、无意义化，古诗词就会失去韵味，语文教育也失去了本源。教师既然选择了翻译的方法，观念中就把诗歌等同于白话，那诗人为什么不选用做文章来抒发感情，偏要选择诗歌这种形式呢？同时，不少老师让学生在最短时间内背会诗文，会做题、引用即可，这种刻板机械的解读使得学生难以调动感情，发挥想象力，体悟诗文的内涵。教师要明确诗歌阅读教学的目标，那就是通过关注诗歌的体裁特征、基础知识，引领学生感知诗歌的节奏、韵律、意境美，理解诗歌具有高度概括、联想丰富和感情强烈的特点，提升学生的阅读鉴赏能力、口语能力和语言、思维能力，进而陶冶性情。教材中古诗词总量的增加和选录篇目的大幅更换对于中学语文教师来说是个挑战与难题，学生在面对一篇没有见过的古诗文时，如何迅速理解它的含义、结构、艺术等特点，还能够与教材中的古诗词经典产生联想，这需要重新审视目前古诗词教学的方法。

同时，语文课常混淆了朗读、朗诵与吟诵的区别，把古诗词音乐的声音读成了识字的声音，失去了诗歌本身的音乐美。而我们的传统吟诵会关注到诗歌的特点、构成要素和表现艺术。古诗词的含义，不仅仅停留在语言的表面，更在于由语词、语序、节奏、韵律构成的声韵美。诗歌的声韵美也是表达含义、意境的一种外在方式，在诗人创作之时就是通过吟诵的方式表达出来，后人也是通过吟诵的方式品味其中的美感。声音是连接作者和读者的桥梁，诗人是怎么创作的，我们就怎么去读诗。所以说学生吟诵古诗词比教师单纯的讲解更能直观、深入地体会诗歌声情之美，师生在鉴赏古诗词时也只能通过吟诵的方式才能明白诗歌的真正含义，帮助理解与接受古诗词中蕴含的中国传统文化精神。

（二）传统教育丧失精髓

现行古诗词教学的缺点就是非常低效，究其原因则是全面引入西方教育体系和方法。现代学校教育制度是受西方的影响而形成的，随之而来的文学理论、教育方法、教育理念充斥在中国学校教育中，教师对中国传统文化典籍的讲解和评析会借助西方文学批评理论方法，这就会本末倒置，丧失了中国传统教育的精髓。

首先，农业文明下的中国式教育活动都是围绕着"人"来展开，古代教育以人格教育为首要，感性与理性并重，重视培养人的性情和行为处事方式，由此产生中国人的世界观、价值观、社会观和人生观。西方注重系统的理论知识和科学文化知识，注重对人才理性的培养，由此产生的现代科学技术对当今人类产生重大影响。中国在技术时代的语文教育应把人从理性的宰制、工具的异化中解放出来，基于语言文字进行情感教育，激发起学生的感性直观能力和对世界的情感联系。

其次，传统汉诗文是集文字、文章、文学、文化于一体，是由文字生成文章，由文章生成文学，由文学通达文化，我们支离破碎的组织教学会失去精神内涵。汉诗文是有传统的，不能随意地进行解读，要从文学本身的生成机制入手解读文学作品。

再次，传统经学时代的教育，培养了庞大的儒士群体，其所代表的中华文化精神成为千百年来中国人普遍的价值取向。由他们所创作的文学作品也成为了儒家思想的表达，尤其是诗歌。而汉诗文基本上都是以吟诵的方式创作出来的，目的不是炫技，而是强调教化的作用。所以吟诵的缺失就无法从古诗词中理解中华文化的世界观、历史观、人生观，无法理解儒士群体的人生态度、人生理想和人生经历，更无法理解中华文化的核心精神所在。

最后，近年来的语文教育中的课程改革，人们对教育之科学性方法的迷信，所造成的结果是用教学方法来生成教学内容，很多文章和学习内容，反而成为印证西方教学方法的工具。中国古诗词文也成了学习西方文化精神的材料，如诗歌中珍惜生命人生苦短的母题，被阐释成为颓废主义诗歌，把文人怀才不遇、不平则鸣理解为抒发个人抱负的理想主义诗歌。语文教学一定要通过对教学内容的理解来生成方法。对于古诗词教学来说，吟诵是古代教育所普遍采用的一种教育方法和学习方法，其中涉及文字、音韵、训诂、文学、传统音乐等诸多内容，体现着中国人的教育思想，符合中国人偏于感性的教育规律。吟诵也是可以终身受用的方法，研究吟诵教学法，对于推动当前中小学教育改革具有特别重要的价值。我们不能盲目地吸取西方的教育模式，但是也不能完全排斥，要坚持"中学为体、西学为用"。也不能盲目崇拜古代教育，没有现代思想精神做支撑，我们的母语教育则只会停步不前，学生的思维能力得不到提升，中国就会在技术时代的文化思想比拼中失去优势。向西方学习和向传统学习结合在一起，才是新时代中国教育的出路。

（三）功利教学现象突出

教师教学模式的固化也是受应试教育的影响，语文教学内容选择呈现出功利性的特点。教学重点的择取主要是和考试有关的内容，与考试关系不大的或者是无关的内容则被忽视，甚至会当作略读课文来教。教师注重的往往是学生能不能快速背会默写，常常对考试大纲中要求考查的诗词进行题海式训练，让学生死记答题模板。长此以往，学生学习古诗文的兴趣也会丧失，对古诗词的创造性审美解读和自由诠释也无从谈起。反观清代以前的古诗词教育，古诗文教学的目标很明确，那就是诗歌中的教化作用。古诗词独特的教化功能我们称作"诗教"，是创作者和欣赏者用来审视自身，教育自我的，进而通过自身的创作传承下去。古诗词不同于现代白话诗歌，它是一种书面、非自然语言，读者不能只通过看，或者单纯的大声朗读就能知道其中的意蕴内涵。

首先，汉诗文的创作规范严谨。古人专门学要学十几年甚至一生，都难以做到表达自如，况且现代社会分科教育下的学校教学。盲目让学生学，只会学一些浮面套话，且外表看着文采斐然，实则空洞无物，只学会了些摇头晃脑的花架子。而这样学习的结果是学生思维不清晰不准确，掌握的东西似是而非。其次，我们目前的古诗词教学注重"读"，但是不注重研究怎么去"读"，不同诗体的读法又有何不同？"读"的目的是什么？即便教师认识到了"读"的重要性，觉察到"熟读唐诗三百首，不会作诗也会吟"的重要性，在"读"的表面上狠下功夫，更多的是小组朗读、男生朗读、女生朗读等，只要声音和表情到位即可，只追求形式的热闹和花样的多样，远未达到审美鉴赏的层次，更何谈思维层面。最后，中学生作为正在接受初中教育的现代人，应该多吟诵古诗词，由表及里，由里及表，反复去深化体会，能够从中汲取传统文化的精髓，成为具有民族性的现代人，这个过程需要学生自己掌握方法去理解，而不是机械式地灌输。"吟诵"是一种回归本位的传统古诗词教学方式，对传统文化的现代教育具有重要意义，由此笔者提议在中学语文古诗词阅读教学中引入"吟诵"，帮助教师和学生找到鉴赏古诗词的最佳途径，激发学生的学习兴趣，让学生主动学习。

（四）吟诵教学素养欠缺

当今视听时代下，技术代替人对事物的直观感受。现代教育技术具有呈现信息量丰富、快捷方便等优势，加强了课堂展示直观、生动的表达效果，同时补充足够的背景知识供学生理解，能够提高教学效率，具有传统教学形式无可比拟的优势。但是对于古诗词教学来说，随着多媒体技术的普及，无论是日常授课还是公开展示课中，教师的教学全程伴随着课件（PPT）展示。大量音频图画信息的课件充斥课堂，导致教学的表面化、直观化、分裂化，学生自主学习能力差，独自涵泳体味的时间被剥夺，使得学生无法沉下心领悟诗歌本身。学生此阶段成长的生理规律，那就是理解力差，记忆力强，感性认识强于理性认识，过于直观的视觉冲击代替了学生的形象思维过程，理解鉴赏诗歌必须是感性和理性相结合的过程。多媒体教学资源的过度使用，导致学生眼花缭乱，并将诗歌本身弃之一边，琅琅的读书声消失在了语文课堂中，学生的思维能力、语言能力、审美能力会相应削弱，对古诗词本身的理解感悟在多媒体的演示中变得肤浅。还有教师将诗歌分解，通过诗词中的某一句或者某一个字来评判诗人创作的优劣，这些都是目前古诗词教学中存在的问题。而吟诵就是适用于古诗词教学的感性方式，诗人通过炼字、炼句、选音来创作诗，读者通过含英咀华、吟诵涵泳来读书，通过声音这个中介来达到读者与作者心灵的沟通。真正的"视听感受"是要用人的感官去触摸，用人的灵魂去贴近作者，而不是通过大量的文字讲解和图片音频。

教师运用吟诵，把声音传递给学生，包括教师的动作表情、语气语调等都是教学的信息，在潜移默化中就带给学生影响，激发其学习的兴趣。这对于教师自身的吟诵知识储备提出了要求，吟诵教学的实施需要教师具备吟诵素养，对吟诵的规则目的能够清楚认识，掌握吟诵基础的读法规矩，能够基于学情适时适当地使用。教师在讲授诗歌过程中如果能够随口吟诵诗歌，学生则会跟着教师的腔调进入到诗歌的境界之中，这是单纯理性的语言讲解所无法达到的程度。目前，只有少量的教师接受过系统的培训，大部分教师苦于没有途径和教学时间，这导致吟诵教学师资存在着理论功底和实践能力不高的现象。传统吟诵在我国古代教育体系中代代相传，无论是诗歌的创作还是鉴赏都离不开"吟诵"，并且古代的诗词文赋本来就是一种教育，符合我们今天强调的德育和立德树人的要求。但是目前吟诵未被纳入学校教育体制中，更少见于古诗词教学的实践中，更多将其看成一种非物质文化遗产，作为一种教育方法和学习方法则被忽视。在我们的课程标准、语文教材中却只保留"诵"，舍弃了"吟"，声音的变化、运用，对于学生理解诗文、汲取消息、沉浸体味都是非常重要的，不选取适合的读法就会丧失古典诗歌的音韵美。

二、初中古诗词吟诵教学的传统与现实

（一）古诗词吟诵教学之传统方式

当今语文教育用的基本上是西方的教育理念和文本解读方式，这就使得我们的教学存在一定的问题，比如教师要求学生用现代西方式的朗读来读古诗词，对传统吟诵反而感到陌生。这是因为新文化运动以来，民国政府下令废止读经，教育体制更替，私塾官学教育系统变成了西方式学校教育体系，吟诵逐渐消失在母语教育中。既然我们要提倡在中学语文课堂中运用古代教育最基本的教学方法"吟诵"，首先应该了解古代中国的学校教育中是如何进行吟诵教育的，从我们古代的教育体系中汲取经验，关注中国传统的教育理念和方法。在古代的学校教育体系中，儒家教育是教育的主流，教育的目的是培养做一个懂学问、知礼仪、有君子风度的人，以人格教育为主。一个读书人大致需经历从家学、蒙学、学馆到官学教育四个阶段，这也是从接受普及教育到专业教育的过程。古代并未有严格的分科课程，所有的读书士子接受的都是传统文化教育，学习儒家"四书五经"为代表的典籍和典籍代表的思想。学生正式进入私塾前接受家族成员口耳相传的启蒙教育，培养基本的性情和生活、学习基础技能，在这个时期儿童能哼唱歌谣，有了一定的语感和乐感；蒙学教育阶段的学生要学习礼教和乐教，会背一些简单的韵文，《论语·泰伯》中说"兴于诗、立于礼、成于乐"，这就是儒家教育倡导的诗、礼、乐三者合一；六到八岁之后有的学生开始继续学习走进私塾学馆，相当于今天的义务教育阶段，这个过程称之为"上学"；十二岁之后开始官学阶段的学习，相当于我们今天的普通高中教育阶段，学习方式为解释儒家经典，学习内容为经史子文、琴棋书画等。笔者将重点放在学习吟诵基础关键的私塾官学教育阶段。各地的私塾学馆阶段的学生开始系统学习读书（即"吟诵"）、写字、音韵、训诂等知识，开展系统识字，对汉字的音乐属性有了更进一步的认识，能够辨别平仄、掌握韵字，都是以吟诵作为读书的主要方式。中国古代教育中是采用吟诵和训诂来集中识字的，并不是我们今天所采用的随文识字，到十几岁时学生能掌握到一万个汉字，这就对后续掌握经史子集打下了基础。同时由于蒙学阶段一些儿童启

蒙读物的影响，如《三字经》《百家姓》《千字文》《弟子规》等，学生掌握了大量文字的基础上也能够很好掌握汉语的节奏感，这对于今后吟诵诗词歌赋和文言文等原典打下了基础。但是此时并不读经，先要"详训诂、明句读"，这是因为吟诵不仅有韵律，还有读法规矩，它与文本的含义有关，读错就会理解错，这些吟诵的读法规矩也就标记在蒙馆私塾的教材中，在之后的学习中逐渐脱离圈点符号。在更高层次的学馆学习阶段，学生学习的主体就是"经史子文"，其中"文"就是我们所讲的诗词文赋，这四部分也是古代教育的主体内容，是历来读书士子所接受的共同的教育，这就是"读书"过程，这个"读"就是"吟诵"，这个阶段教育强调吟诵方法完整性的学习。从经史子集中化用词汇成为了诗歌中常见的意象系统，成为诗人们的共同话语。一般读私塾越长的学生对于吟诵的掌握也越系统，因为吟诵非常重视区分文体，行腔使调因体而变，吟诵诗词与古文、经文的调子是不同的。在之后，吟诵始终伴随着学生今后的学习创作诗文，成为终身受益的学习过程。私塾、官学中的授课方式多为一对一，学生以自学为主，教师则多背少讲。此阶段大致对应今天学校教育中的初中学段，在七至九年级开展吟诵学习符合学生学习规律，体现着深刻的教学规律，能起到承上启下的作用。

吟诵较少见于我们的古代有关教育的文献中，是因为吟诵在古代教育中大多是通过家传和师生私传的方式代代相传，是最基本的读书和学习方式，就相当于开口说话，直立行走之类的人的本能，且各地的吟诵调有一定的差别，地域个体色彩浓厚，这也给我们当今规范吟诵造成了一定的难度。虽然吟诵调的风格多样，但是全国的吟诵又遵循相对统一的声韵规则和读法规矩，这对于我们开展教学至关重要。在古代私塾官学教育过程中，吟诵是教师言传身授的本领，如今吟诵已不是大众化的读书方式，我们普及时要避免把吟诵弄得过分玄妙，那么我们需要了解中国古代学校教育的基本流程中是如何确立吟诵的规矩。第一步：授课。古人教学方式多为一对一教学，教师上课首先布置每位学生今日要达成的任务目标，就是我们所说的课堂作业。教师贯彻因材施教的理念，根据不同学生进度展开的讲解次数也不同，每一位学生走到老师面前接受教师在书上圈点勾画，帮助学生根据读音、读法、句读、名词、文气、评点等标点符号系统标识文本，其中的读法符号就是吟诵符号。然后教师一对一、逐句带领学生读一首诗词或者一段经文几遍，先诵读再吟诵，不仅字正腔圆、发音准确，范读中还包含着其对诗文的理解。这个读法绝不是我们今天不讲求抑扬顿挫、均匀式的朗读，而是讲求旋律、节奏、读法的吟诵，其中的精微之处通过声音传递给学生，这个过程学生不光注意教师的语气语调，同时要关注教师的面部神态和身体动作。此时教师讲解过程就暂告一段落，换下一位学生。这个过程学生就能初步明确文体，为下一步择选读书调做准备。第二步：集中讲解。此阶段教师开始纠字正音、讲解字义，结合着古人的注释对其简单讲解。这就是《三字经》中："凡训蒙、须讲究、详训诂、明句读"的过程。第三步：学生独自涵泳、展示成果。学生从模仿教师的吟诵入手，结合注释和教师的讲解，或者查阅资料、请教师长，反复地练习理解到认为可以情同古人，再去教师那里吟诵，再讲解自己的看法。这时学生的吟诵就会与自己的理解相结合，形成属于自己的吟诵调。教师根据学生吟诵声音的抑扬顿挫和长短高低就能对其是否理解，理解到什么样的程度有了初步的判断，这是对学生的考查方式。教师对学生吟诵复讲的结果不满意，会要求学生反复修改，能保证学生基本功的扎实，所以吟诵伴随着学生的整个学习过程，从开始的识字纠音、字词释义一直到深入挖掘作者的心境、气韵，吟诵在整个教与学过程中都发挥着重要作用，它能够锻炼学生的语言组织和逻辑思维能力。虽然教学过程简短，但是包括了教学、评价、考查等多个方面，值得我们学习借鉴。

（二）古诗词吟诵教学之当代模式

中国古代教育的体系和方法，尤其传统吟诵所体现的教育理念，对当今基础教育中的语文教学特别有价值的包括因材施教、循序渐进、一对一教学、自学为主和感性教学等。当前我们的学校教育体制大多是班级授课制，教师一对多地展开教育，对于学生个体的学习结果不够。首先，在基础教育阶段，尤其是初中阶段学生世界观开始形成的时候，我们的语文教育目标是立德树人，教师的首要目标是"育人"。教学活动中不管采取什么方法，最终都是要培养"人"，既有中国人的世界观、道德观念，又具有现代社会所要求的新思想、新观念的人。古代教育的最高境界是自我教育，现代学校教育的最高目标是关注学生的品性，而不是成绩。中学语文古诗词吟诵教学，要关注每一个学生的理解过程，吟诵只是一种学习的方式，更重要的是教师能在吟诵教学中贯穿传统文化精神教育，通过学生的声音关注其对知识的理解程度，了解他的精神状态和学习态度。其次，古代教育强调因材施教，教师一对一的教学，根据每个人进行个性化教育，这体现出教育观念上的平等，是有差异的平等。教学时针对不同学生的情况教授不同内容，分别考查，教学进度也不一样，其目的是从每一位学生从他自身的条件和所能到达的程度出发，不断做出调整，引导其走向人格的完善。我们今天班级授课制学生人数众多，每学期课时固定，每节课时间也固定，学生学习的科目也不仅仅是语文课，诗词文赋也只占了教材内容的一部分，这就丧失了学生自学、独立涵泳的时间。各学段之间的衔接问题也一直困扰着语文教学。而且教师授课用统一的教材，统一组织教学，统一考试，教师面对学生众多，无法点拨和引导每一位学生，对于学生学习效率和德行培养都是不足的。古代的教师授课时间很短，学生大部分时间都在自学，老师只是提供方法和引导。在当今班级授课制下开展古诗词吟诵教学，无法保障学生自学的时间，但是教师可以注重方法的点拨和引导，每一周完整完成一篇古诗词的教学，这也是可行的。在现有教学经验的基础上，个别教育与共同学习相结合，学生自学与师生讨论相配合，才能与时俱进。最后，古人在学习吟诵时重视体会作者的气象，在教学时也重视学生达到的境界程度，整个教育的过程都是在感性的层面上结合理性而进行，是符合当前语文课程的理念，那就是"经世致用"。在河北省率先倡导吟诵教学的李哲峰老师表示："倡导吟诵，绝非私塾教育模式的简单回归，而是将其部分地移植于我们的课堂，以吟诵唤醒热情，借吟诵潜心揣摩，倚吟诵掌握方法，用吟诵巩固提升，加大古诗文诵读的力度，同时使之与教师点拨，学生的自主、合作、探究相结合，更好地服务于我们的语文教学。"全国各地也应该自行探索，根据实际各成模式，这也是中国古代教育的传统。笔者认为，无论是西方的教育体制和教育理念，还是中国古代教育的理念和方法都可以借鉴到我们今天的学校教育制度中，只要我们的教育中有中国传统文化精神做支撑，培养学生的目标是立德树人，我们的教学目的和方向就不会错。

同普通话吟诵相比，方言吟诵也有其独特优势，但是我们这里提到的不是方言土语白读系统，而是方言文读系统。我国方言分区中有官话方言区，其语言差异相对较小，从古至今的发音演变而来的规律相同。南京师范大学陈少松教授曾对方言吟诵优势说道："用地道的某地方言来吟诵该地流行的腔调，可充分地表现出这种腔调的特色。"首先，我国地域辽阔、各方言区所覆盖的人群较广，所以大部分流传下来的老先生吟诵调都略带方言，各地吟诵腔调的不同，方言习惯是根本原因。其次，不同方言的吟诵各具特色，有着独特的地域风味，凸显当地的民风民情，具有独特的审美价值、文化价值和艺术价值。再次，方言吟诵能够激发乡音乡情，保留当地的方言文化，其对古音的处理方式也值得借鉴学习，如闽南语等现代南方方言，由于保留了大量的古音，听起来格外悦耳。最后，方言文读吟诵可作为普通话吟诵的补充形式，保留古音，传承吟诵名家的吟诵调，例如用江苏常州方言吟诵的秦德祥先生，就是国家非物质文化遗产"常州吟诵调"的传人。因此，可以适时适当地在当地进行吟诵教学时使用方言进行吟诵，通过吟诵来充分体味古诗词的音韵情味。由于中国古代的雅言通语常以天子所在地区的语音为标准，且自元代以来，官方通语就以今天的北京语音为标准音，延续至今，语言是具有当下性的，所以我们今天用普通话吟诵古诗词是必然的，今天用普通话吟诵古诗词时传统的延伸和发展，应该大力提倡。虽然同普通话吟诵相比，方言吟诵有人觉得很难听，比较单调，但是我们需要注意，对不同地区、各种方言和风格的老前辈的吟诵，不能简单用好听不好听来衡量，传统方言吟诵作为一种源远流长的传统，是需要我们抢救、整理、研究和宣传的。当然这需要学生先"知之"，再"好之"，继而"乐之"，更重要的是我们能从老先生留下来的吟诵中品读其对于古诗词独特的理解，从思想精神到文字训诂，最后可能领略其精神气度。

三、初中古诗词吟诵教学之流程

（一）理念确定

语文吟诵教学需要遵循三个基本点：第一个就是古代传统吟诵教学法的精髓。古人在教古诗词时，教学步骤主要有以下几点：首先是带读，一般是带读三遍；然后就是讲解；讲解完了之后，学生要独立涵泳；最后由学生复讲背诵，教师点拨。在带读的时候，或者是学生在下面自读的时候都讲究两种读法：一种是疾读，就是朗咏；一种是缓读，就是涵泳。第二个就是叶圣陶先生的语文教学步骤，他所考虑的问题就是如何把感性的吟诵和理性的讲解相结合，同时适用于当前学校体制下的语文课。第三个就是基于学情适时适当使用，同时与现有的古诗词教学经验相结合，与意象、意境、修辞等常规教学方法共同使用。补充必备的儒家思想文化和古人价值观念的讲解也是吟诵教学的关键。以上三点就是这套语文吟诵教学步骤形成的基础。在这个基础上我们可以得出，教师的角色不再是传统的教书匠，而是指导者、点拨者，要培养学生独立学习的习惯，前提得是充分讲解了吟诵的规则要领。学生成为学习的主体，学生大量时间沉浸在诗词中涵泳体悟，然后通过声音把成果展示出来，而不是靠海量做题、背模板的方式学习古诗词。这对教师的吟诵素养及学生与教师的配合提出了挑战。现有古诗词教学环节的缺点在于：学生对于古诗词的语言存在隔膜，死记硬背，对古人的情怀漠视，更不知古人的思想文化。总之，通过吟诵教学古诗词需要达成的教学目标就是：学生能够对古诗词有浓厚的兴趣，掌握古诗词形式的基本知识（包括文体、声韵、格律），会从传统文化角度鉴赏古诗词。

（二）兴趣导入

这个环节需要教师在晨读时间先给学生磨耳朵，就是播放传统吟诵的录音，先让学生尝试接受吟诵，然后模仿着学，这样在课堂的导入环节就不会占用太多时间播放音频。导入环节不必过于注重形式，但是要区分吟诵和吟唱的关系。笔者曾经听过一个教师使用综艺《经典咏流传》中郁可唯、胡夏等演唱的《知否，知否》作为李清照《如梦令》的导入方式，这不能说是错误的，但是吟诵毕竟与唱歌有一定的区分。唱歌是有固定的词、曲、节奏、音高，学生因为习惯了歌曲的演唱方式，脑子里有固化的概念，认为吟诵也可以按照固定的词、曲、调，从而陷入模仿的误区，也忽略了吟诵本身的规矩和独特的诗教功能。

（三）吟诵引入

在正音识字阶段，教师要先按照教材中的"诵读"要求，先让学生读对，先对古诗词有很好的理解，同时能够结合课下注释和工具书去理解基本内容。在这里注意区分朗诵和诵读。朗诵和吟诵，在古诗词教学中是一对矛盾的关系，且朗诵表演性过强，教师不能在课堂上使用朗诵代替诵读，所以一定要先用诵读的方式，并用这种方式来实现正音识字的目的。读课文可以先逐字地读，目的就是为了识字，然后就要用诵读的方式感受节奏，继而再使用吟诵常规的讲解字词部分，注意区分古今异读音的讲解，同时要求学生辨明诗歌文体，如果是近体诗和词，则要找出韵字，划分节奏，标出平仄格律等。字词练习过后教师可以播放吟诵录音，让学生根据名家吟诵调对比自己的初读成果进行修改，可以使用普通话吟诵调的方式练习。下一步就是讲解诗词大意。讲解诗词大意环节，具体的做法有知人论世，补充相关背景，借助课下注释等等，这些只是形式上的不同，但是内容必须是确定的，即诗教鉴赏所需要的内容，包括声韵分析，而声韵分析又包括入声、韵、格律、开闭口音等的分析。通过语音系统入手，来了解诗歌的内容大意，能够更直观、深入，更能使学生有强烈的在场感。

（四）涵泳品味

这个环节需要我们结合现有教学的经验。从诗人的诗心、诗情、意象、意境入手，结合修辞、主题及中华文化精神的分析，最后达到立德树人的目标。从声韵分析到立德树人，是吟诵给语文课带来的除应试之外新的东西，那就是诗词文赋的教育作用。诗教传统和诗词文赋修身养性的功用是古诗词吟诵教学需要深入研究运用的部分，不能停留在表面形式。讲解完了以后，学生就应该对作品的内容有了相对深入的理解。此时，教师带领学生吟诵一遍，要求学生跟着教师模仿，感受吟诵基础调，并能够做适当调整。接下来就是深入探讨环节，这个教学环节也是现在的语文课上一般没有的。如果我们将刚才所讲的从声韵分析到立德树人理解为一个纵向讲解的话，现在我们所说的这个教学环节就是一个横向的讲解，这个横向的讲授主要是指意象、主题、结构。对于诗来说就叫诗思，对于文来说就叫文气，即结构、思路。也就是说，这首诗或这篇文为什么第一句这么说，第二句就那么说了，第三句为什么又跑到那边去了。比如，"床前明月光"，为什么上来就说"明月光"？"疑是地上霜"，为什么就把它想成霜了呢？"举头望明月，低头思故乡"，怎么就又思念起故乡了呢？这个思路是如何转变的，李白到底想要表达什么，他真正的言外之意又是什么呢？这就是我们所说的诗思、文气。这一部分是比较难的部分，需要学生独自领悟诗的"神韵"，懂得"体贴"，就是与诗人"共情"，一首经典诗歌是极具个性，同时又具有普适性的，是某一个诗人的作品，某一个场景的感受，但是若干年后依然可以打动我们。同时补充意象的来源，这是理解古诗词的重要基础，意象的背后也体现了诗歌的特点和儒家思想文化观念。如《登鹳雀楼》中的"白"语出《尚书》的《卿云歌》，"依"出自《诗经》的采薇，"更上一层楼"则反映出了登楼生愁的母题，语出于王粲的《登楼赋》，所以说吟诵教学与现有古诗词教学经验应该相互配合，共同促进学生学习理解。诗思文气明白了之后，按照古人的这个教学方式来说，就应该进入学生大声吟诵环节。也就是说，此时要开始正式地模唱，模唱时一定要大声地把它唱出来，并且还要把这个结构弄清楚，该高的高，该低的低，甚至不惜要夸张一点，把这个言外之意，及诗文到底在强调什么理解清楚。其后就进入了独立涵泳的阶段。所谓独立，其实包括两个条件：第一个就是给学生自己思考的时间。近年来大量新课程教学理念层出不穷，充斥着语文课堂，过度强调小组讨论，丧失了学生独立思考的时间。还有教师完全放任学生"独立"，利用翻转课堂的形式让学生来讲。真正应该交给学生讨论的恰恰不是一看就能会的东西，是需要花费大量时间精力去欣赏的诗歌的恍惚迷离的不确定之美。这种现象的出现是因为教师把学生正常的语言学习扭曲了，想当然地设计教学。无论是体验式、感染式，或是引导式、帮助式，只要能正确地把学生引到学习状态及过程中，就是成功的课。古代的教学法认为学生应该是先独立思考，这个过程不需要讨论，学生需要细细地、一点一点地品味诗词文赋中的每一个字，这个字是如何过渡到下一个字的，品味其中的腔音，这个时候的吟诵就是不断修改自己理解的过程。前提是教师必须给学生充分的材料和方法点拨，然后学生自己琢磨这个独立涵泳的过程实际上进入了尝试属于自己吟诵调的过程，如此就会逐步摆脱模唱，即老师课堂上播放的录音或是老师的范读。朱熹在《童蒙须知》中强调："大抵观书，先需熟读，使其言皆若出于吾之口；继以精思，使其意皆若出于吾之心；然后可以有得尔。"说的就是这个过程。课堂教学的最后环节需要检视学生的学习成果。由于班级中学生过多，不必要求学生一个一个给老师读，可以选择几个学生来为大家展示自己基于对诗词理解之后的吟诵。这个过程中学生会出现不同的意见，教师在这时可以组织大家讨论，适时地进行点拨、指导，讨论的过程又是学生修改自己理解的过程。之后便一层一层地顺着学生的问题讨论，环环相扣、层层深入，或者是拓展到其他的篇目，在这个过程中学生也能完成基本的背诵任务。最终达到教师在这节课所要达到的教学目标，那就是让学生能够明白什么，或者要学会什么，在这个时候便呈现了出来。

（五）吟诵评价

对吟诵教学成果的评价要以生成性评价为主，关注学生整体的学习过程，兼用其他的评价方式。评价主体也要以自我评价和师生、小组相互评价相结合。吟诵教学评价就需要有相应的标准和用语，能够帮助师生借助艺术技巧来达成内在视觉和声音语言的统一，有声语言和诗歌情感的贴合。吟诵的评价语有"语文味"，要能准确地表达出问题所在，而不是"虚、大、空"的程式化用语。当然，评价标准也应因人而异，尊重个体差异，避免陷入应试化教学的循环，对于学生的吟诵调评价标准要从语文核心素养角度综合考量。

（六）课后吟诵

教师布置作业要兼顾学生的感性理解和理性分析，采用文字作业的同时要继续给学生提供参考资料供学生修改自己的吟诵调。要求学生能够大量泛读各种体裁的诗歌，具有一定的诗词储备量，能够培养学生的语感、诗感等。在古代教育中，学生学习大量的经史子集著作，对于其中的词汇熟于心，然后在诗歌鉴赏和创作中才能够运用自如。文字作业可以要求学生用吟诵读法符号标识全文、画出旋律框架、套用同文体诗歌、查找同一母题作品等。我们要知道吟诵教学是一个动态的过程，不能局限于45分钟的课堂中。如此，基本的教学过程就结束了。

（七）反思进步

目前的古诗词教学离不开应试的影响，教学过程也难以做到个别教育，因为古代的吟诵教育涉及的内容庞杂，应试化的吟诵不太可能是好的吟诵，集体共学的吟诵就不可能真的学好吟诵。我们还是要以当下的现实情况为依据，最大程度恢复吟诵教学的关键环节，在教学实践中不断摸索经验，使传统吟诵教学法适应新时代的语文教育。吟诵带给语文的最大好处，就是开始重视声音，开始关注到古诗词的真正作用。"用读来理解"就是用吟诵、用声音来理解，这是语文课一向倡导的，但实际上又是一直没做到的。而吟诵则可以达到用声音来理解，并用声音表达出来的目的。老师通过学生的声音可以知道学生哪里理解了，哪里没有理解，然后再通过理解的深入去纠正，整个过程都是围绕声音来进行的。

四、初中古诗词教学之美育探索

（一）在古诗词吟诵教学中感知美

1. 音乐美

古诗词是将古汉语口语按照一定的诗歌格律进行锤炼而成的书面语体，其具有简洁、典雅的特征，因此古诗词本身就具备特有的音乐感和韵律美。古诗词起源于春秋战国时期的民歌、民谣，在传唱的过程中具有音韵节拍和谐统一的民谣总是能被广泛传播，这就基本奠定了中国古诗词中注重格律的创作范式。一般认为，在格律上，七律诗有"平仄脚""仄起仄收""仄平脚""仄仄平二脚""平平脚"五个基本句式，而五言诗则有"仄起平收""仄起仄收"的基本句式；在节奏上，七言诗有"二二三""二二二一""平起平收"的节拍，而五言诗则有"二二一""二三"等节拍。在古诗词诵读的过程中教师首先让学生感知诗词整齐韵律以及鲜明节奏，然后慢慢地引导学生品味古诗词的平仄韵脚，并通过合理划分古诗词的朗读节拍，让学生感知古诗词句中的音乐感及韵律美，使学生潜移默化地接受古诗词美感的熏陶。在诵读的形式上，主要有教师范读和学生诵读两种形式。教师的范读，一方面是要读准字音和停顿，使学生能简单明了地辨清作品的格律；另一方面是要通过抑扬顿挫的节奏变换，使学生明晰诗歌的节奏划分，并初步感知作品的韵律美。而在学生的诵读中，他们能够从自主诵读的过程直接获得对古诗词的格律美、音韵美的感受，从而渐渐地提高学生的审美品位。在形式上，学生的诵读可以更加灵活，既可请学生独诵古诗词，也可让学生分组或分角色进行诵读，甚至采用齐诵和独读间或的方式进行，而这样灵活多样的诵读方式亦更加能加深初中学生对古诗词音乐美的感知，让学生从中得到美感的熏陶，激发学生对古诗词的学习兴趣。例如，在进行杜甫的《春望》的教学时，笔者就先让学生诵读一遍诗歌，感受《春望》的整齐的韵律和鲜明的节奏。学生第一遍读时，提出来诗歌没有明显的押韵的情况，认为"深""心""金"和"簪"字读音不同，但都能感觉到《春望》一诗各句中都是以"平声"作为起声。此时，笔者用古音把《春望》一诗范读一遍，大部分学生都发现各联结尾的"深""心""金"和"簪"四个字在古音中都有"-im"声，压了"-im"韵，属于仄起平收的格律。然后，笔者让学生再次进行诵读，指出了《春望》的节拍是"二三"节拍，特别提出了要注意把握诗歌的节拍。第二次进行诵读时，学生以古音朗读诗歌，合理把握住了诗歌的节拍，课堂内充满了和谐的音符。其后，笔者让学生以男女分组诵读的形式，再次诵读《春望》一诗，由此，通过多次的诵读，强化了学生对《春望》的节奏和韵律之美的感知，通过本次古诗词教学在一定程度上培养了学生感知美的能力。

2. 画面美

由于初中生的生活经验不够丰富，在刚学习古诗词时较难通过文字感知到古诗词的美，此时使用多媒体进行辅助教学能够协助学生感知古诗词的美。合理利用多媒体教学是学生感知古诗词之美的助力剂，能够帮助学生更好地感知美。如在教学《使至塞上》这首古诗词时，笔者在导入部分不直接涉及本课诗词，而是通过多媒体播放一小段边疆视频，通过观看视频使学生对辽阔沙漠有一定的感知，同时配上与诗歌相符的音乐基调，教师并饱含情感地吟诵《使至塞上》使同学们能够快速融入此情境之中，引导学生初步把握诗词的情感基调。通过借助多媒体进行教学，使学生能够更好地在脑海里形成《使至塞上》的画面，感受该首诗歌独特的画面美。除了在课内引导学生感知美，也可合理利用课余时间见缝穿针地进行渗透。古诗词美育往往是灵活生动的，在美育实践中教学者要主动灵活、因势利导地引导学生主动参与到古诗词审美中去。古诗词美育的形式不一定是固化在课堂内的，在课外也可找合适的时间进行渗透。通过这样的方式引导不仅能够让学生感知到古诗词的美，而且能提高学生的审美感知能力，对其终身发展都大有裨益。除此之外，还能提高学生对古诗词的学习兴趣及培养学生的审美能力。

（二）在古诗词吟诵教学中鉴赏美

1. 语言美

中国古诗词有着悠久历史，古诗词中的许多经典词句也流芳千古，遣词造句在古诗词中的价值可见一斑。古诗词中蕴含着极为丰富的语言美，在古诗词教学中，通过鉴赏古诗词的语言美，可以对学生起到很好的美育效果。

古人在遣词造句中十分注重炼字，对字、词、句、读的锤炼是古人含蓄而又凝练的表达特色。如唐代诗人王维"大漠孤烟直，长河落日圆。"其中的"直"和"圆"两个字明显是经过深刻思考的产物，不同于其他的诗人或普通的文学作品的表达。本身平淡无奇的塞外风景，经过诗人对诗词语言的反复雕刻，大漠的奇特景象就能够穿越时空，展示在读者的面前，这就是古诗词中的语言美。认真咀嚼古诗词中的关键字词句以及句读，对于品味古诗词起着十分关键的作用，为了更好地帮助学生品味古诗词中的语言之美，笔者在日常教学中常用到以下鉴赏方法："字"。每一首古诗词中往往都有最为传神、最能够代表本首诗的主旨和意图的字词，它们往往蕴含着诗人内心深处的情感，学会鉴赏一首古诗词中的诗眼，能够帮助学生更好地领会古诗词的中心内容及体会诗人的情感，因此，赏析古诗词先要理解和赏析诗词的关键词。在教学《野望》时，可以带领学生对诗中的字词进行鉴赏，诗人在颈联中用"驱""返""带""归"几个动词进行了动态式的描写，以动衬静，同时也和颔联中树与山之间的安详宁静的宁静风景形成了鲜明对比，通过这四个字的描写，激活了整个野景画面，也提升了全诗的格调，因此，作为教师应带领学生在鉴赏古诗词时要注重赏析这些关键字，品味其中的语言美。

2. 形象美

中国文坛人物形象比比皆是，古诗词中对经典形象的塑造也非常丰富，形象是意境的基础，同时也是意境的外化。形象美在古诗词中十分普遍，诗词所创造的形象不仅仅是文本的形象，更是具有美的形象，鉴赏古诗词中的形象美，能够帮助学生更好地理解古诗词中的经典形象，提升学生的审美能力。

3. 意境美

我国古代诗词非常注重意境，而意境美的层次高度也决定了一首古诗词能否进入经典名篇之林，因此鉴赏古诗词中的意境美对古诗词美育有极为重要的意义。相比于古诗词中的意象而言，意境具有更为宏大的视角，意境是我国古代文论的精粹之一，诗人对意境的追求更是走向了极致。要赏析古诗词中的意境美，教学者应该主动调动学生的学习积极性和美感神经，引导他们充分发挥想象力，对课文的形象给予再度丰富，让诗歌在学生的脑海里活跃起来，变得可以感受、变得立体。古诗词中的意境美有时体现在情和景的交融之中，诗人

115

在创作时往往不会直接将自己的情绪和情愫表达出来，而是换用一种委婉含蓄的方式来表达，因此形成了寄情于景等特殊描述方式。

4. 情感美

古诗词中蕴含的情感往往丰富且含蓄，情感美是古诗词中的一大特色，理解古诗词中的情感美，对于学习鉴赏古诗词大有裨益。由于古诗词中的情感美很多时候是通过意象表达出来，诗人通过具体意象来承载自己当时的情感，因此品味古诗词中的意象，可以帮助学习者领会古诗词中的情感之美。在初中古诗词的审美教学中，我们可以通过赏析意象来帮助我们鉴赏古诗词中的情感美。通过对意象分析，学习者可以实现对于不同篇目，甚至是不同朝代的诗人的作品，进行同等意象和寓意上的解读，理解不同时代不同人物之间共同的情感美以及相同的精神追求，往往能够起到触类旁通的效果。因此，对于古诗词中的常见意象，教学者要做到积极主动地普及，并且通过分析意象去感悟和传达情感美，让学生在学习中接触到某类意象就能明晰其中情感的附着效果，帮助其在往后的学习中主动感知意象，体会诗词情感之美，实现学生美育多层面发展。

（三）在古诗词吟诵教学中创造美

创造美是最能体现学生审美能力的部分。古诗词的教学不应该只停留在学习和积累的程度上，而应该积极主动地运用所习得的知识进行美的创造。因此，在教学过程中应该多给予学生机会进行大胆的发挥，帮助学生主动参与美的创造，让学生的审美能力在相关活动中得到充分的发展。

1. 课本剧

古诗词美育也可以运用将具体情境引入古诗词课堂的教学方法来帮助学生身临其境的感受古诗词之美，学生感知美、鉴赏美、创造美的能力在课本剧的表演和观看中能够得到潜移默化的提高。《全日制义务教育语文课程标准（2011年版）》中提道："努力建设开放而有活力的语文课程，语文课程的建设应继承我国语文教育的优良传统，注重读书、积累和感悟，注重整体把握和熏陶感染。"编排诗词课本剧再现具体情境，能够通过开放而有活力的方式加深初中学生对于古诗词的理解和领悟。课本剧录制总导演苏民指出："课本剧的总的指导原则——以焕发学生学习语文课的兴趣，提高学生的审美能力为前提，忠于原著，不干扰。"编排诗词课本剧时应该要求以学生为主体，采取老师指导、小组长负责制，学生在此过程中是对诗词再理解、再思考及进行内化。学生在遵循原著的基础上结合想象以再创作的方式重现诗词里的故事和画面，从而使学生提高对古诗词的理解和掌握，并从中得到古诗词美的熏陶。

2. 吟诵会

吟诵是最原本的诗词诵读方式，诗词文赋大部分也是通过吟诵的方式进行创作的。吟诵相对于诵读，语调、语速、节奏变化都更为丰富，能够给予学生语言韵律美的享受。因此我们通过吟诵能够帮助学生深刻体会古诗词的精神内涵及审美韵味。部编本教材总编温儒敏先生曾指出："要让学生多诵读、多吟诵，激发孩子们的想象力，不要把课文分析搞得那么琐碎、程式化。"同时，《全日制义务教育语文课程标准（2011年版）》中也指出："积极倡导自主、合作、探究的学习方式。"开展诗词吟诵会不仅能够让初中生运用自主、合作、探究的学习方式进行学习，更能在古诗词吟诵中感知美、欣赏美、创造美，有利于学生在感兴趣的自主活动中全面提高语文素养。在课堂教学实践中培养学生的吟诵能力，由教师带领学生先朗诵全诗，做到对生僻字词熟练诵读。接着教师带领学生进行吟诵，教师先吟一遍，学生跟吟一遍，熟练后由学生齐吟几遍，加深印象之后要求学生推选代表，以个人或小组为单位进行吟诵表演。在内容方面，应注意长篇古诗词和短篇之间的区别，从吟诵语言方面，应注意发音的起承转合，注意诗句发音抑扬顿挫的把握。学生具备一定吟诵基本功后，可以在课后开展诗词吟诵大会，由老师进行策划，学生干部进行组织，可以包含齐诵、对诵、独诵、唱诵结合等多种方式，为了营造浓郁的古风美感氛围也可以将伴舞引入吟诵会当中。另外，如在广东地区，可以在吟诵会中允许学生用粤语、客家语、潮汕语等方言进行吟诵，这些方言较普通话更接近古汉语，因此能够给学生带来更接近古汉语的审美享受。在表演内容上，应该注重对被吟诵诗词的熟练度和地区方言在表达时语气的特殊美感，突出地区语言美，帮助学生感受古代诗词的语言特色。

3. 诗作画

诗和画之间存在着共同的审美特性，两者之间是有着某些互通的美育因素。钱锺书先生曾在其《中国诗与中国画》中指出在唐宋时期，特别是宋朝存在"诗画一律"的思想，这也从侧面展示出诗词与绘画相融合的现象。基于对初中生绘画能力和时间精力的考虑，在课堂中用绘画山水风景等方式美育，难度过大且不现实，但教师可以让学生在理解诗词的基础上，根据学生自己的理解将诗词内容用简单的绘画方式展示出来，此做法不仅能够加深学生对古诗词的理解和记忆，更能培养学生的审美观和艺术素养，帮助学生在潜移默化中提升创造美的能力。据诗作画是让学生在动手画画的过程中对古诗词进行再理解、再鉴赏，并让学生结合画的内容对诗词进行解读。通过学生主动创造并配合同学间的互评，最后由教师再次评析讲解，这种方法突破了原有古诗词仅仅通过读、写、背诵的格局，能够真正达到古诗词美育效果。同时图画直观的展示效果也给学生带来了画面美和想象美的体验，画中的优缺点往往也能很好地帮助学生感悟诗词中的语言细节，帮助学生增进理解，培养其审美能力。根据初中生阶段学生的心理发展特点，采取适宜该年龄阶段的方法进行古诗词美育，帮助他们主动进入其中，增强学生的审美体验，使学生能够主动发展其审美能力，通过学习者主动提升自身审美趣味，摆脱美育"形式化"的桎梏，将古诗词美育落到实处。

4. 创作美

诗词创作是古诗词美育的组成部分之一，但通常由于课时限制、考试要求、师生不够重视等原因被忽略，而在实践教学中，创作诗词是美育的重要途径之一，作为教师在往后的教学上不妨将诗词创作注重起来，诗词的创作激发了学生创造美的热情，同时为培养学生审美兴趣打开一扇窗，是培养学生审美鉴赏力与创造力的有效途径之一。

首先，仿写。由于初中生的知识积累难以达到直接进行创作诗词的水平，教师可以要求学生进行古诗词仿写，在仿写过程中能够增大初中生古诗词的积累量，提高学生古诗词的创作能力，在愉悦的氛围中感受古诗词的创作之美。教师在实践教学中要主动引导学生思考，从思路上，要求学生对于仿写的原题认真理解，做到了解主题，理解原诗内容，主动思考。从内容上要求学生注意韵脚，注意用词对仗，并要求学生在完成仿写诗词后将自己所写诗词和原有古诗词名篇进行对比，发现自身有待改善的部分。在评析学生作品时，鼓励学生思考自身作品的审美价值，帮助学生主动参与诗词创作。

其次，改写。改写也是古诗词创作方式之一，在提高学生学习古诗词的兴趣的同时能够激发出火花，将古诗词中的美释放出来。初中生已经具备了一定的思维能力，可以让同学们在把握古诗词内涵的基础上，根据自己的理解和想象将其改成记叙文、散文、电视剧本等。改写后组织同学们共同评议、交流心得体会，并将优秀作品贴在示范墙上，鼓励学生积极创作，这整个过程都能起到很好美育的作用。

最后，续写。在古诗词的学习后，可以让学生发挥自己的想象对诗词中未尽之意开展续写活动。在续写前，教师应当根据学生的实际能力进行指导，如教给学生续写的方法与要求、讲清楚该诗词的格律特点、明晰该诗词的中心等，从方式上要注重原则性与灵活性的平衡，既要侧重原则又要结合初中生所处的特殊的学习阶段，保证初中生能够实现主动想象创作，帮助其主动参与到美育中去。这样学生既能发挥自己的想象且锻炼创造能力，又不会胡编乱造，盲目创作，进行正确且有意义的续写。

第四章

书香满庭院
文化蕴家风

——家庭诗词吟诵环境与氛围的创造

　　真正的古诗词教育，是要让它成为家庭教养的必修课：提升学养，增益情怀。对家长来说，传统古诗词的"正确打开方式"，倒是有几个小秘诀：比如改"让他背"为"陪他背"，读点古诗词，不只是孩子的功课；又比如经常玩玩"家庭诗词大会"，就像《红楼梦》里的诗词大会一样，小游戏里有大乐趣，小节目里有大格局，让兴趣成为孩子读诗的伙伴，借诗词教学树立家风家教。

第一节　诗词吟诵生乐趣

　　一首诗、一阕词，万千气象，万千山水。古诗词成为家庭教育必修课，就不妨多点真性情、多点乐趣。许多清新、脍炙人口的古诗词，的确给我们的学习生活带来了无穷的乐趣，像杜甫的《江畔独步寻花》，李白的《夜宿山寺》，再如杨万里的《宿新市徐公店》等等。既有自然生活情趣的，也有人类社会生活情调的，这些充满生趣的小诗，假如我们也只是简单、机械地讲授古诗词的意思，无屑于古诗词隐含的情趣和韵味，整个古诗词吟诵教学自然就失去了生趣。

一、诗词吟诵家庭教育的现实困境

（一）古诗词在教材中逐渐被边缘化

　　纵观当前的语文教材和考试题目，就会发现当前的古诗词所占的比重在明显下降。虽然新高考制度改革之后，学校加重了对传统文化的重视，但是仅仅局限于文言文的阅读和运用，而古诗词还是停留在原来的地位。因而，古诗词既没有消退考试界，又没有脱离课本，处于教材中尴尬地位，逐渐被边缘化、忽视化，致使部分教师在讲解古诗词的时候近乎属于略讲，根本不重视古诗词的诵读和理解，进而导致当前古诗词还没有"大众化""普遍化"。

（二）古诗词的运用领域不断减少

　　随着文化的普及和传播，各种各样的文化汇聚校园。纵观这个多文化的校园之中，我们发现学生运用古诗词的很少，在学校里，学生常见的用语经常是网络用语，而很少说古诗词，运用古诗词最多的地方是演讲、作文或者日记之中。再看看我们社会这个大环境中，我们不难发现，人们日常运用古诗词的地方也很少，除了一些古诗词有关的选秀节目或者大型场合讲话的时候涉及一些古诗词来提升文章的水平之外，其他的地方很少涉及古诗词。从这些大环境中，我们都可以看出我们运用古诗词的领域在逐步减少。

（三）古诗词的时效性被弱化

在我们对学校、家庭、社会人士的调查中，我们发现只有10%的人运用古诗词，绝大多数人运用古诗词都是为了提升自己的文学品位或者文化底蕴，其他的地方很少运用古诗词，久而久之就导致古诗词的时效性被弱化。在家庭教育中，古诗词的很多道理或者文化含义，家长都比较陌生，经常运用的是那些朗朗上口的典故或者成语，运用古诗词的却很少。在学校教育教学中，部分教师讲话也很少运用古诗词，毕竟教师面对的是学生的理解和解读，因而导致古诗词在日常生活中的时效性被弱化，与其说古诗词被弱化，不如说人们对中国传统文化的漠视。

二、古诗词教育与家庭教育结合之价值

（一）有利于文化传承

我们都知道古诗词是我国传统文化的瑰宝，它不仅包含丰富的文化底蕴和思想道德规范，还包含很多哲理和做人的道理。在家庭教育中融入古诗词，不仅可以有利于继承中国传统文化，还可以议古论今，借鉴古人之长。俗话说"最是书香能致远"，书香门第可以培育出有教养、有思想、有文化的孩子，"腹有诗书气自华"，因为孩子在诵读古诗词的过程中，不仅能够博闻强记、厚积薄发，还能开拓视野，陶冶情操，修正思想，丰富自身的文化底蕴，从而提高人生品位，开启智慧，塑造完美人格。经常阅读古诗词的孩子，张口就知道"读书百遍，其义自见"，更知道"一寸光阴一寸金，寸金难买寸光阴"的时间观念，对待同学知道"君子之交淡如水"，面对学习知道"读书破万卷，下笔如有神""纸上得来终觉浅，绝知此事要躬行"，面对父母、师长的时候知道"谁言寸草心，报得三春晖"的孝敬之道以及"善之本在教，教之本在师""三人行，必有我师焉；择其善者而从之，其不善者而改之"的尊师之道，这些优良的文化传统都蕴含在古诗词之中，我们融入家庭教育之中，便可以在潜移默化之中熏陶孩子。

（二）树立良好家风

良好的家风可以培育出品德优异的学生。作为家庭教育的主阵地，教师是主攻手，良好的家风可以帮助学生建立良好的规范，让学生知道什么是"规矩"，什么事该做，什么事不该做。而古诗词中蕴含着丰富的"家庭伦理"，它的诵读和传承可以帮助学生树立良好的家风规则。譬如：关于孝道的名言警句"奉先思孝，处下思恭；倾己勤劳，以行德义"，它的诵读告诉人们对待父母要懂得孝顺，勤俭节约，以德教育子女。"一粥一饭，当思来处不易；半丝半缕，恒念物力维艰"则告诉学生勤俭节约是中华民族的传统美德。"一年只望一春，一日只望早晨。有事莫推明早，今日就想就行"则是告诉学生"一年之计在于春，一日之计在于晨"的哲理，让学生今日事今日毕，明天还有明天的事，不要天天吟唱"明日复明日，明日何其多"的拖拉心态。再有"不造是非，不说是非，不传是非，不听是非，担当是非，调和是非"则告诉学生莫在他人背后论是非等等。类似这样家训家风的诗句还有很多，这些诗句都告诉了学生最基本的道德理念和人生哲理，让学生从小树立良好的家风，为学生将来人格的发展打下基础。

（三）形成有效学习情境

当前全国人民学习和继承中华民族优秀传统文化，其中就包括古诗词的诵读和学习。不管是从社会综艺节目还是社区环境、街道环境中，处处都可见传统文化留下的足迹。就拿《经典咏流传》《中华好诗词》等大型综艺选秀节目中，我们就可以看出，国家在支持全民学习和发扬古诗词的吟唱和诵读，让全国人民重视传统文化，学习传统文化。作为未来接班人的学生而言，学习经典文化更是当前学生义不容辞的义务和责任，而古诗词融入家庭教育可以很好地为学生构建一个有效学习情境，让学生时时刻刻接触到古诗词，毕竟家庭教育是学生第一位场所也是最熟悉的教育场所。

（四）配曲唱诵趣记古诗

音乐能给我们带来美好的心情，优美的旋律，让人心情愉悦。如果把诗谱上曲，和着曲调，则更能感受到古诗韵味的美妙！其何乐而不为呢？找来《春晓》《咏鹅》等几首有配曲的古诗，借用现代化媒体手段，制作音视频进行演唱。编排上一些简单动作，让孩子跟着欢快的音乐旋律边唱边舞，可以更好地理解古诗，在趣味中达到熟记古诗的目的。学习古诗，兴趣是最好的老师，能神话般地让孩子们愉悦地接受古诗词的学习。孩子们不仅愿意学，而且还能快乐地学。真心希望他们能在古诗词的海洋中，自由地翱翔。享受着中国古典诗词的美，从而让传统文化滋润着他们的心田。

圣人云："熟读唐诗三百首，不会作诗也会吟。"作为中华民族优秀传统文化瑰宝的古诗词，它不仅有着丰富的文化底蕴和思想道德规范，还包含很多哲理和做人的道理，它就像是一幅画，一首音乐，滋润着人们的心灵。它就像一颗璀璨的明珠开启人们的心灵。因而将古诗词诵读融入家庭教育，不仅能够开发孩子的记忆，培养孩子对传统文化的兴趣，还可以增加亲子之间的互动，促进亲子关系的和谐发展。

三、古诗词家庭教学之趣味探讨

（一）利用多样化形式进行教育

在家庭教育中开展古诗词教学也需要采用多样化的教学策略，才能不断地激发学生的学习兴趣，只有学生对古诗词诵读感兴趣，才能学好古诗词，才能让古诗词成为家庭教育教学的主旋律。一般地，我们可以用现代技术来辅助我们家庭古诗词的学习和诵读。我们都知道，现在部分家长对中国古诗词了解得并不多，部分家长的古诗词含量仅仅限于几首或者几十首，因而为了弥补家长这方面的缺陷，可以借助当前比较热火的抖音、百度视频、古诗吟唱、微信App等软件来辅助家长增加古诗词的储备，让家长们也是"满腹经纶"，学生也会在自己熟悉的App中学习相关古诗词，并根据其中诗句的解析进行理解、诵读和运用。

此外，为了提高学生对古诗词的理解我们可以在学生学习古诗词的时候，和学生进行合作互动，不仅可以增加亲子之间的互动，还可以加强学生对古诗词的理解和记忆。譬如：在教学生背诵《垂钓》的时候，就可以和孩子进行角色扮演，拿着钓鱼钩，坐在那里垂钓，一边吟诗一边和孩子解说诗句的含义，孩子很容易就可以理解。类似这样的角色扮演游戏还有很多。当然，家长如果没有这样的闲情逸致，也可以和孩子一起背诵古诗词，多增加孩子和父母之间的互动，促进亲子之间的交流，让学生对古诗词的兴趣更加浓厚。

（二）坚持持之以恒的解读

俗话说："骐骥一跃，不能十步。驽马十驾，功在不舍""千淘万漉虽辛苦，吹尽狂沙始到金"。古诗词的学习也是一样，如果没有坚持的精神，古诗词学习也是昙花一现。因而，学习古诗词，必须要有持之以恒的精神。其实做任何事，都需要有这种坚持的精神。要想保证学生有持之以恒的诵读精神，就要有一定的监督制度和激励制度。

所谓的监督制度就是保证学生诵读古诗词的时间和篇数。譬如，每天保证一个小时诵读古诗词，监督学生完成，如果没有完成，将有什么样的惩罚制度或者如果完成有什么样的激励制度等，只有这样才能保证学生将诵读古诗词成为一种习惯，成为每天必做的功课。

（三）提升家长和学生的认识

将古诗词融入家庭教育之中，最关键的一点还是提升学生和家长的认识，只有家长意识到家庭教育的重要性，才能将古诗词的"精髓"运用在家庭生活之中，如果家长自己都没有意识到古诗词的重要性，又何谈让学生重视呢？因而，要将古诗词融入家庭教育之中，必须提升家长和学生的认识。而提高学生的认识，必须从三方面入手。第一是提高社会人民的认识，只有全体市民懂得古诗词的重要性，才能在平时的一言一行之中将其中的哲理运用到生活之中，才能为学生营造一个有效的学习古诗词的环境。第二是加强小区建设。小区环境代表市民的觉悟，只有小区环境中包含大量的古诗词，才能营造一个良好的学习古诗词的环境，才能给学生塑造一个"处处都是古诗词"的学习氛围。最后一方面是教师的影响。教师的作用在学生学习古诗词的过程中占有很大的比重，他的重视程度直接影响着学生和家长对其的重视程度，因而教师是古诗词是否能够融入家庭教育的主要决定性因素。

四、在趣味吟诵中融入传统文化教育

（一）初步历史知识与意识形成

中国古典诗词大都反映社会现实，通过对这些"史诗"的学习，能让青少年对历史知识形成一个初步的形象感知。例如，《诗经·小雅·北山》："普天之下，莫非王土。率土之滨，莫非王臣。"正是对西周奴隶制的形象写照，青少年习读它能对西周奴隶制国家的强盛和周天子的无上权威形象形成初步的印象。又如，杜牧《江南春》中的诗句："南朝四百八十寺，多少楼台烟雨中。"家长可对"四百八十"这个数字结合史实进行讲解，让青少年对南朝皇帝迷信佛教的历史有初步的了解。

自古对人民群众的思想教育都从儿童抓起，而古典诗词中含有大量历史典故，从中还有很多的名言警句留传后世，这些名言警句不仅朗朗上口，易于记诵，还具有对青少年进行思想教育的功效。例如，王昌龄《从军行·其四》中有诗句："黄沙百战穿金甲，不破楼兰终不还。"正是对古代将士精忠报国形象的生动刻画。文天祥《过零丁洋》中更是留下千古名句："人生自古谁无死，留取丹心照汗青。"岳飞《满江红·怒发冲冠》："待从头，收拾旧山河，朝天阙。"等等，都表达了将士精忠报国的决心和誓死保卫祖国山河的气概，讲述这个生动的历史故事对青少年进行爱国主义、民族气节教育，对提升青少年的思想境界都起到很大的帮助。

古典诗词语言精练，词语搭配注重规律，诗句间的逻辑结构严密，常常用极少的词句揭露事实，表达深刻强烈的情感，例如，张俞的《蚕妇》诗云："遍身罗绮者，不是养蚕人。"短短两句诗，十个字，就勾勒出了当时社会阶层的两极分化，在这种巨大的分化中作者到底想表达什么呢？家长可就此引导青少年进行历史探秘，提高他们的逻辑思维能力和对历史社会发展的理解能力。

中国古典诗词句式工整，讲求韵律，饱含情感，朗朗上口，适合歌咏，独具艺术魅力。青少年通过古典诗词的感染、陶冶和引导，不但在无形中提高了自身的审美情趣，还加深了对历史演变规律的领悟。

（二）丰富孩子历史文化体验

在运用古典诗词对青少年开展历史教育时，家长要尽量选取画面感强的诗词，通过讲述和勾画给青少年营造出相关的历史画面，让其达到身临其境的感受。以毛泽东的《长征》诗为例："红军不怕远征难，万水千山只等闲。五岭逶迤腾细浪，乌蒙磅礴走泥丸。金沙水泊云崖暖，大渡桥横铁索寒。更喜岷山千里雪，三军过后尽开颜。"这种历史情境的描绘与抒怀极具画面感，短短数十个字就能将重大的历史事件勾勒出来，让青少年读之仿佛置身于山高路险、水流湍急、冰天雪地的长征途中，家长可就此背景接着讲授长征的历史知识，在诗词的感染下感受到红军战士不畏艰难困阻的革命精神和乐观主义精神。

青少年对鲜明生动的人物形象记忆深刻，而对于抽象的东西容易遗忘。优秀的诗词寥寥数语就将人物形象刻画得既饱满鲜活又生动传神，让人印象深刻。例如，毛泽东在《沁园春·雪》中有这样一句描写："一代天骄，成吉思汗，只识弯弓射大雕。"就对成吉思汗的形象定义为剽悍尚武，让人印象深刻。

运用诗词对历史人物和事件进行评价是古代文人常用的手法。例如，李清照在《夏日绝句》里评价项羽："生当作人杰，死亦为鬼雄。至今思项羽，不肯过江东。"在李清照笔下，楚霸王项羽不愧为人杰，对江东父老以死相报。一个"不肯"写尽了"士可杀不可辱"的英雄豪气。李清照痛恨宋朝当权者苟且偷安，通过诗词来批判。家长指导青少年学习历史时要懂得古为今用，通过古典诗词中对历史人物和事件的评价来培养青少年分析历史和鉴别当下的能力。

第二节　诗词吟诵树家风

古典诗词是中国民族传统文化的精华，其中蕴藏了大量的历史、民族、哲理内容，几乎囊括了人们生活的方方面面。所以，古典诗词也是现代教育一个极好的载体。所以，古典诗词的学习机会贯穿了基础教育阶段。在小学和中学教育中，古典诗词的教育是一个不可缺少的教育内容。所以教师也鼓励家长在家庭教育中使用古典诗词，丰富教育教学的效果。家庭教育是学生教育活动中必不可少的一环。一个孩子的大部分时间是和家人生活在一起的，家庭教育的好坏直接会影响到一个孩子的成长。因此，在我们的古诗词吟诵教育活动中必须要重视教育，有效地利用诗词形成家风家教，促进孩子的健康成长。

一、古诗词蕴含丰富家风资源

中国古典诗词是古代文人创作的，其中蕴含了大量的中华文化。不少的内容呈现了历史事件、风土人情、生活习俗、民族心理内容。比如像李白的《静夜思》体现的是一种思乡的文化内容，古代因为征战和迁徙，出现了大量的思乡的诗歌。这些诗歌中饱含了对家乡的眷念，对亲人的期盼之情，还有对友人的祝福等等。这些诗歌的情感丰富，与现代人的生活情感是相通的。所以，在很多时候读这些诗歌是能够产生一种民族自豪感和对国家、民族和家庭的热爱之情的。而热爱生活，热爱生活中的一切，促使孩子形成良好的世界观和价值观也是家庭教育的目标之一。所以，在家庭教育中适合使用古诗词。

一个家庭的风气往往会对家庭成员形成比较大的影响。家教好的家庭对孩子的成长更加有利。所以树立良好的家风，形成好的家教也是非常关键的。在家庭教育中可以利用古代诗歌来构建良好的家庭学习氛围。这是因为古代诗歌中有很多关于家庭教育的内容，也牵涉到人的行为处事，出现了哲学认识。有些道理家长直接给孩子讲述，可能他们并不明白，但是如果能够以诗歌的形式表演出来，那么朗朗上口的句子会给他们留下深刻的印象。比如刘备的"勿以恶小而为之，勿以善小而不为。惟德惟贤，能服于人。"这样的句子能够让孩子记住，并且慢慢地融入生活之中，成为个人的能力和道德标准。在这样的家庭环境里培养出的孩子的三观更加端正。

孩子一天的时间里有很多时间需要用来接收义务教育的内容，所以在家中学习和课后学习的时间并不多。很多孩子在学习的时候总是因为内容太多而产生厌倦感。而且不少的孩子在学习的时候容易产生畏难情绪。而古诗词是比较简短的内容，孩子读一读就可以结束，并且不少的内容都是押韵的，读起来像儿歌一样好听。孩子学习和背诵的话比较容易。这对激发他们的学习兴趣是非常有用的。在家庭教育中就可以挤出时间来诵读和背诵一首小诗，简单地理解和分析。这比长篇大论的学习材料可能更容易获得孩子们的青睐。

二、古诗词家风树立策略

（一）诗词选择

现在很多家长让孩子学习古诗词的操作非常简单，就是给孩子买一本古典诗歌的书，让他们跟着书或者书本自带的音频文件来读。在反复诵读的基础上来记忆这些内容。这种形式虽然减轻了家长的负担，但是孩子的学习出现了选择问题和方向问题。首先，孩子在不同的年龄阶段有不同的理解和认识能力，并不是所有的古诗词内容都能够比较容易理解的。换句话说就是部分古典诗词不适合孩子某一阶段的诵读分析。所以家长需要甄别选择。然而，很多家庭缺少了这个环节，笼统背诵和记忆会让孩子不求甚解，甚至出现了厌烦情绪。其次，不同的古诗词蕴含的内容不同，比如词中有豪放派和婉约派的，诗歌有四言、五言、七言等形式的。不同历史时期，这些诗歌的倾向不同，像先秦诗歌比较贴近民间文学，唐代诗歌是集大成时期等等。不同的诗歌会产生不同的影响，家长为了孩子就必须选择正确的内容，通过这些内容来引导孩子的未来发展方向。

在孩子们学习古典诗歌的时候，家长首先要帮孩子把关，选择合适他们的内容。在刚接触古典诗歌的时候，家长可以选择一些字比较简单，或者带有拼音的读本。从读本中挑选出一些比较容易理解的诗歌。这样家长就容易给孩子讲解历史背景，容易帮助孩子理解相关内容。比如骆宾王的《鹅》的内容非常的简单，很容易理解并且内容简单而集中。孩子在读的时候可以形成直观的画面。这样的诗歌更适合小孩子诵读和记忆。所以，选择合适的内容是第一步。家长可以参考孩子学校教育中的内容，并且根据具体的环节主题来安排学习活动。

（二）诗词理解

古典诗词一般非常的短小，蕴含的内容却非常多。一般诗歌中一个字可能都带有多重意思。家长可能在这方面有限制，所以在引导孩子的时候会存在较多的不足。比如"春风又绿江南岸"中的"绿"字就是形容词作动词用，很多家长不具备这方面的知识。遇到孩子询问的时候往往不知道怎么解答，所以很多时候家长会选择避开这些内容。所以，古诗词在家庭教育中的运用就处于一种比较尴尬的位置。

（三）趣味教学

古诗词运用到家庭教育中，仅仅依靠读、背、记这几种形式来学习是远远不够的。因此，在学习的时候家长要采用一些比较新颖的方式吸引孩子的注意。比如用手机、电脑或者电视给孩子放相关的视频内容。孩子就能通过画面来记忆诗歌的内容。这样诵读效果要比直接背诵好得多。或者家长可以采用游戏的形式来鼓励孩子学习，比如读《月》这首诗歌的时候可以试着想象一下月夜我们在做什么，就能够与孩子的作文写作连接起来。在学习《鹅》的时候，可以画一画大白鹅的样子，涂一涂颜色等等。如此就能够将古诗词的学习变得丰富多彩，活动内容新颖有趣。自然，孩子的学习兴趣被提升起来，他们就会积极主动地投入到古诗词的学习中去，更能保持学习的热情。

（四）家长参与

在古诗词的家庭教育中，家长也需要不断地提升自己。家长先诵读理解，并且将这些内容整理以后再教给孩子。这样的话孩子就能够接触到更广泛的知识，也能够在家长的引导下不断进步。家长可以借助互联网或者文献资料学习，在空余时间看一看古典诗词，汇总多方面的材料。这样就能够给孩子的古诗词学习提供帮助。

学校教育与家庭教育是一个联合体。家庭教育的内容要与学校教育相配合。所以，家长要经常联系教师，可以将古典诗歌的学习情况与教师的教学结合起来，沟通互动，掌握孩子的学习动向。家长就可以根据学校教育的进度来调整家庭教育内容，辅助选择恰当的内容。这对孩子的古典诗歌的学习非常有帮助。总之，在家庭教育中融入古典诗词的内容能够提升学生的文化素养，传承中华民族的灿烂文化，还能够比较好地促进家庭教育的发展。因此，我们要鼓励家长在家庭教育中运用古典诗词，规避可能出现的问题，引导孩子不断地学习进步，成为一个有文化素养的人才。

三、古诗词家风教训鉴赏

受中华传统文化美德的熏陶和影响，良好的家风家教自古以来就为我们这个文明古国千家万户所崇尚、所践行。不妨走进唯美的古诗文中，去感悟那正气充盈、淳朴厚重的家风家教。

古诗文中的家风家教，大都体现在诗作者写给晚辈和家人的诗文和家训之中，其内容不外乎围绕为人处世、孝老爱亲、勤俭持家、和睦邻里、治学读书等方面。

（一）做人之本

家庭是人生的第一个课堂，父母是孩子的第一任老师。古代一些进步开明的文人贤达深谙家教对于子女成长成人的重要性，而家教首当引导子女懂得做人之本，知晓大义，从小培养报国之志和家国情怀。一生坎坷的晚唐诗人韦庄在他的《勉儿子》诗中写道：

养尔逢多难，常忧学已迟。

辟疆为上相，何必待从师。

这是韦庄鼓励儿子在战乱之时投笔从戎、报效国家而作的一首小诗。体现了诗人心系国事、胸怀天下的家国情怀。诗文所表达的中心思想都是希望子女处理好家事与国事、学业与国运之间的关系。在作者眼里，个人学业与报效国家这等大事相比，孰轻孰重，不言而喻。这对于涉世不深的子女长大成人之后做人做事、确立正确的人生观，无疑起着正面而积极的引导作用。初唐诗人杨炯在《从军行》中"宁为百夫长，胜作一书生"的诗句，或许正是古时一介书生渴望从军报国，奔赴疆场杀敌建功豪情壮志的生动写照。

（二）清廉勤俭

清廉做人、勤俭持家是中华民族家风建设的传统美德。清人郑燮在《为二女适袁氏者作》的诗文中写道：

官罢囊空两袖寒，聊凭卖画佐朝餐。

最惭吴隐奁钱薄，赠尔春风几笔兰。

身为"康熙秀才、雍正举人、乾隆进士"的郑板桥，一身正气，两袖清风。在爱女出嫁时居然无钱置办嫁妆，仅以一幅兰竹图相赠，并在上面题了这首诗。贫困如斯却气节如此！作为封建社会士大夫，郑板桥这种清廉朴素操持子女婚姻大事的做法，对于子女的成长影响是大有裨益的。如此家风育人传世，令后人钦敬不已。

（三）邻里和睦

和睦处理邻里关系是家庭美德的重要内容。清康熙年间有个大学士名叫张英。一天，张英收到家信，说家人为争三尺宽的宅基地与邻居发生纠纷，要他利用职权疏通关系，打赢这场官司。张英阅后坦然一笑，挥笔写下一封回信，并附诗一首：

千里捎书只为墙，再让三尺又何妨？

万里长城今犹在，不见当年秦始皇。

家人接信后，让出三尺宅基地。邻居见此，也主动相让，结果成了六尺巷。这首小诗生动地反映了当时位高权重的张英在家庭成员中倡导为人宽容大度、和睦相处邻里、不与民众争利的优良品德。如此家风令人为之叹服。

（四）子女教育

教育子女勤学苦读历来是家风家教中一个不可或缺的方面，古诗文中有关这方面的内容实在不少。大诗人杜甫在写给次子的《又示宗武》诗中，字里行间体现着一位父亲希望晚辈潜心求学的殷殷期许：

觅句新知律，摊书解满床。

试吟青玉案，莫羡紫罗囊。

假日从时饮，明年共我长。

应须饱经术，已似爱文章。

十五男儿志，三千弟子行。

曾参与游夏，达者得升堂。

诗中杜甫要求儿子宗武严谨治学、刻苦求知的教诲溢于言表。杜甫作为一代诗歌宗师，对儿子的期望是饱览经书，读诗做文，学有所成，教育鼓励儿子自觉传承家族优秀的诗歌传统，成为自己的诗歌传人。其实早在宗武几岁时，杜甫就在《宗武生日》诗中曰："诗是吾家事，人传世上情。熟精文选理，休觅彩衣轻。"杜甫给宗武指出学习作诗的路径，就是"熟精文选理"。诗人把自己一生写诗作文的心得倾囊传授，诗文的字字句句可谓情真意切，苦口婆心。

陆游的《冬夜读书示子聿》是大家耳熟能详的一首好诗，这是一首哲理诗，饱含了诗人深邃的教育思想理念和科学的学习方法，告诫孩子不能死读书，要学以致用，身体力行。诗中写道：

古人学问无遗力，少壮工夫老始成。

纸上得来终觉浅，绝知此事要躬行。

诗的文字虽然朴实，内涵却极为丰富。但凡读到这首诗的读者，大都能从诗中得到启发，教育作用不言自明，而注重学用结合的学习方法也无疑是科学有效的学习方法。

四、颜氏家训鉴赏与解读

《颜氏家训》是公元6世纪后期我国诞生的一部有关士大夫家庭的家教经典。《颜氏家训》告诫子弟，动乱年代更要学艺读书。有学艺者，触地而安。自荒乱以来，诸见俘虏，虽百世小人，知读《论语》《孝经》者，尚为人师；虽千载冠冕，不晓书记者，莫不耕田养马。

《颜氏家训·教子》提出早期教育的主张，认为儿童的早期教育应在婴幼儿时及早开始，少成若天性，习惯成自然，如果等孩子的性格已经形成，再施教就困难多了。要求仕宦之家不要溺爱孩子，也不要用粗暴的手段来管制他们，这样的结果是父母丧失威信，也无教育效果。父母应当威严而有慈，这样子女畏而生孝。长辈要做子女的示范，一切脏秽之词和粗暴无礼之言禁绝不讲。

　　《朱子家训》通篇讲中国几千年形成的道德教育思想，以名言警句的形式表达出来，自问世以来流传甚广，被士大夫尊为"治家之经"，清至民国年间一度成为童蒙必读课本之一。

　　黎明即起，洒扫庭除，要内外整洁；既昏便息，关锁门户，必亲自检点。

　　一粥一饭，当思来处不易；半丝半缕，恒念物力维艰。

　　宜未雨而绸缪，毋临渴而掘井。

　　自奉必须俭约，宴客切勿流连。

　　器具质而洁，瓦缶胜金玉；饮食约而精，园蔬愈珍馐。

　　勿营华屋，勿谋良田。

　　三姑六婆，实淫盗之媒；婢美妾娇，非闺房之福。

　　奴仆勿用俊美，妻妾切忌艳妆。

　　祖宗虽远，祭祀不可不诚；子孙虽愚，经书不可不读。

　　居身务期质朴，教子要有义方。

　　勿贪意外之财，莫饮过量之酒。

　　与肩挑贸易，毋占便宜；见贫苦亲邻，须加温恤。

　　刻薄成家，理无久享；伦常乖舛，立见消亡。

　　兄弟叔侄，须分多润寡；长幼内外，宜法肃辞严。

　　听妇言，乖骨肉，岂是丈夫？重资财，薄父母，不成人子。

　　嫁女择佳婿，毋索重聘；娶媳求淑女，勿计厚奁。

　　见富贵而生谄容者，最可耻；遇贫穷而作骄态者，贱莫甚。

　　居家戒争讼，讼则终凶；处世戒多言，言多必失。

　　勿恃势力而凌逼孤寡，毋贪口腹而恣杀生禽。

　　乖僻自是，悔误必多；颓惰自甘，家道难成。

　　狎昵恶少，久必受其累；屈志老成，急则可相依。

　　倾听发言，安知非人之谮诉？当忍耐三思；因事相争，焉知非我之不是？需平心再想。

　　施惠勿念，受恩莫忘。

　　凡事当留余地，得意不宜再往。

人有喜庆，不可生妒忌心；人有祸患，不可生喜幸心。

善欲人见，不是真善；恶恐人知，便是大恶。

见色而起淫心，报在妻女；匿怨而用暗箭，祸延子孙。

家门和顺，虽饔飧不继，亦有余欢；国课早完，即囊橐无余，自得其乐。

读书志在圣贤，非徒科第；为官心存君国，岂计身家？

守分安命，顺时听天；为人若此，庶乎近焉。

第
五
章

莫愁无知己
一曲畅胸怀
——促进诗词吟诵教学的社会传播与发展

第一节　古诗词吟诵之社会媒体传播

一、古诗词吟诵媒体文化节目特点

（一）诗词文化核心理念

当下热播的几档诗词文化类电视节目都是以诗词文化为核心，从而展开节目制作的。节目中形式上的创新都是为了在内容上坚守中国传统诗词文化，传播诗词内涵。无论是答题竞赛、歌曲传唱还是庭院雅集闲话，都是为了更好地实现诗词文化的传承。

1. 以诗词朗诵作为开场

《中国诗词大会》以"赏中华诗词、寻文化基因、品生活之美"为基本宗旨。因此该节目在内容上坚守中国传统诗词文化这一主题。每一季每一期的比赛都有一首特别设计的开场诗词，在声光舞美的配合下，著名配音演员徐涛或百人团齐声朗诵一首诗词。第一季中就有配音演员徐涛伴随着优美的舞台画面和动听的声乐伴奏，深情地朗诵着开场诗。或铿锵有力、或温婉舒缓，徐涛用自己独特的声音演绎出一首首摄人心魄的诗词，从视觉和听觉带给现场和电视机前的观众们心灵上的震撼。例如在朗诵《将进酒》（节选）时，黑暗的舞台背景上依次呈现出朗诵的诗词，在专业朗诵的带领下，观众似乎真的感受到诗人波涛汹涌的郁怒情绪及震动古今的气势与力量。《经典咏流传》从第二季开始，在演唱诗词前都会有著名的朗诵家对诗词进行动情朗诵。例如第二季第四期节目中，瞿弦和朗诵《如梦令·昨夜雨疏风骤》时，生动地将作者对春天将逝的惋惜，怜花惜花的心情展示出来。在诵读之后再进行咏唱。以诗词朗诵作为开场，带给观众一定的情绪铺垫，更有益于感受诗词的情感。

2. 节目内容以诗词作为切入点

《中国诗词大会》中的点评嘉宾在每一季节目开始前都会用诗词表达对节目的祝愿。在每一期节目开始前，也会用诗词表示对选手们的鼓励和祝福。"大风起兮云飞扬，威加海内兮归故乡。安得猛士兮守四方。"出自刘邦的《大风歌》。中华民族正在走向伟大复兴的征途，康震希望新一代的年轻人都能成为这个时代的英雄。董卿也希望选手凭借这大风，实现"好风凭借力，送我上青天"，希望选手们都能有良好的表现。《经典咏流传》突破了以往诗词文化类节目竞赛的固化模式，以一种全新的形式——"和诗以歌"，传播诗词文化，将访谈、表演、综艺等元素融为一体。既有专家们对诗歌的点评讲解，也有经典传唱人的动情演唱，还有鉴赏团专家的专业点评，为观众呈现了一场音乐和诗词文化的盛宴。"中国正流行，经典咏流传"是节目的标语，《经典咏流传》将经典诗词和流行音乐有机结合在一起，回到了诗歌的起源，也让诗歌回到了生活。围绕诗词文化，以现代人更喜闻乐见的方式，让经典流行起来，由此完成了传统诗词文化的创造性转化和创新性发展。《邻家诗话》节目不似以往的诗词文化类节目，以竞赛攻擂的形式呈现，而是十分淳朴地将诗词与综艺结合，将诗词文化融入综艺形式之中。每一期节目都有一首主题诗词，围绕该首诗词，各领域的嘉宾雅集茶叙、各展其能：或朗诵、或舞蹈、或歌唱、或弹奏乐器、或作画等，传递着轻松的文化内容。

（二）全民参与节目定位

1. 参赛选手来自全国各地、各行各业

《中国诗词大会》以"全民的一场诗词狂欢"为节目定位。节目组从全国各地、各行各业、各年龄段中精挑细选出百余位诗词达人，组成百人选手团。其中年纪最大的达到80多岁，最小的只有6岁，甚至还有外国友人，有来自中小学、大学的学生，有来自乡村、城市的语文教师，甚至化学教师，有热爱诗词的人民警察，有熟读史记热爱经典的电力工人等等。他们代表了各个地区、各个年龄阶段、各个行业、各个文化层次的人们，一定程度上体现了全民参与的节目定位。《中华好诗词》节目组在参赛选手的选拔上，也是力图做到全民参与。节目组面向社会公众招募参赛选手，共给出5种报名方式，意愿选手可通过任一形式参与报名即可。各报名选手在经过诗词比拼之后最终产生相应的参赛选手。同时节目组还走进大学校园，面向国内顶尖的高等学府，组成高校战队进行PK。

2. 全民互动，方式多样

在收看《中国诗词大会》的同时，观众可以通过特定的方式参与互动、同步答题：下载中央电视台客户端、央视影音客户端，或者是通过微信摇电视的方式同步答题。在答题过程中检测自己的诗词储备量，进行自我考查发现不足之处，同时也能学习到新的诗词知识。观众也会对选手的失误而惋惜，对选手的精彩表现拍手叫好，被他人的故事而感动。第四季中，观众还可以发送"我正在收看中国诗词大会"的照片到中国诗词大会微信公众号、中央电视台客户端或央视影音客户端进行互动。在新媒体时代，观众通过新媒体同步答题、竞猜擂主，进行互动，赢取大奖，这种形式充满吸引力，在受众群中影响广泛，体现了全民参与的节目定位。

（三）多元趣味情感体验

与传统的竞赛类节目相比，《中国诗词大会》和《中华好诗词》节目在出题方式上颇具趣味性。宫格游戏、名句找茬、看图说诗、飞花令、超级飞花令、诗词接龙、歌曲题、影视题、书画题、表演题，等等，这些都是《中国诗词大会》和《中华好诗词》节目独有的出题方式，给紧张的比赛氛围增添了些许轻松感，在"游戏"中学习传统诗词。

《经典咏流传》从第二季开始，增加了一个经典诵读的环节，先邀请知名的朗诵家，通过朗诵来演绎诗词，将观众带入诗词的意境之中。如徐涛朗诵的《长歌行》，将"少壮不努力，老大徒伤悲"中对时光易逝、生命短暂的感慨，和劝诫人们发奋努力、珍惜时光的愿景表达出来，观众似乎真的能从他的朗诵中感受人生的哲理。瞿弦和朗诵《如梦令·昨夜雨疏风骤》时，生动地将作者对春天将逝的惋惜，怜花惜花的心情展示出来。在诵读之后再进行咏唱，给了观众更多的情感铺垫，更容易感受诗词蕴含的情感。接着采用"和诗以歌"的形式将传统古典诗词与现代流行音乐相融合。这也是古人流行的一种吟唱诗词的方式，将诗词与音乐相结合。古时的诗人就是在吟唱中产生众多流传至今的经典诗词。节目将诗词这种传统文化与流行音乐搭配，从诗词经典中提取歌词，铺上现代流行音乐的曲谱进行演唱。例如被人们哼唱的《水调歌头》

（王菲），就是经典与流行音乐完美结合的代表。在传唱人的动情演唱中，观众能获得对诗词的初步情感体验。"《经典咏流传》将经典诗词和现代旋律结合，以传唱诗词的方式打造出一条情感纽带。"经典诵读人的诵读、经典传唱人的咏唱以及交流互动点评都是为了唤醒受众对诗词的情感体验。传唱人完成演唱后，讲述自己的创作过程以及歌曲背后的故事，以叙事的方式塑造真实情感，嘉宾也会适时进行对话，帮助观众了解传唱人背后的故事与诗词背后的故事，感受情感，在此过程中达到诗词作者的情感、传唱人的情感和观众情感的融合。如用地道川音融合流行音乐传唱的《蜀道难》，张杰在歌唱时歌咏出了巴蜀人不畏艰难、勇往直前的"蜀道精神"。又如王俊凯传唱的《明日歌》，通过"明日复明日，明日何其多"等歌词，结合传唱人的人生经历，传达出惜时之情，劝告人们不要蹉跎光阴、浪费时间。

（四）传统元素深度融合

不同于《中国诗词大会》《经典咏流传》《中华好诗词》等节目的声光电舞台设置，《邻家诗话》则是专门打造了一个富有中国传统魅力的中式庭院，透出东方审美与自信。"嘉宾们在雅静的庭院内闲聊、畅谈古今，在品茶茗香时聊诗词故事，在歌唱舞蹈间探寻历史人物。"相对于近年来的诗词文化类节目而言，《邻家诗话》形式新颖，突破了竞赛比拼的模式，将"茶叙"和"综艺"两种方式融合应用，在品茶的过程中围绕诗词展开综艺般的闲谈，带给观众全新的体验。当下众多的诗词文化类电视节目都是由主持人、点评嘉宾、参赛选手构成，导演组预先设计好诗词题库和竞赛规则，从众多报名选手中挑选出特定数量的选手来参赛，如《中国诗词大会》《中华好诗词》等都是这样。而《邻家诗话》却与此大相径庭。《邻家诗话》没有激烈的赛制、没有参赛选手、没有主持人，只有一位常驻嘉宾——即茶席主人王劲松，以及多个领域的嘉宾围坐聊天，"从演唱、舞蹈、器乐、国画等多个维度诠释诗词的意境和内涵，唤起受众对诗词的共鸣和认同"。节目中主要有吟诵诗文、字斟句酌、诗歌乐舞、诗中有画、回到那时等环节，例如第二期中王劲松深情吟诵诗文《垓下歌》，配合着吹奏的埙声，将项羽的神勇表达出来；著名学者郦波将《垓下歌》字字剖析，结合史料将项羽的人物特点呈现在观众面前；新生代演员、歌者将古诗词用现代乐曲的方式演绎出来，带给观众不一样的体验和感悟，从而唤起观众对诗词意境的深度认同；画师夏茜用画笔演绎《垓下歌》，将项羽、虞姬、乌骓马等形象呈现出来，带给观众直观的审美体验。评析与故事相辅相成，诵读与传唱相得益彰，在视听感官的双重影响下，从而加深了受众对古诗词的记忆和理解。每期节目都会给古诗词谱上现代音乐的旋律，以流行音乐的唱法重新诠释古诗词之美。无论70后、80后、90后人群，都会在熟悉的旋律中，唤起对诗词意境的深度认同。这档独具原创性的节目形式多变之余，不变的是对中国传统文化的敬畏与传承。

二、古诗词吟诵媒体传播对教育的启示

（一）表演式吟诵

《中国诗词大会》四季节目每一期的开场都会有朗诵家或者是参赛选手朗诵一首诗词，以配乐朗诵或是即兴朗诵的方式进行。尤其是从第三季开始，增加了毛主席诗词，当康震赏析毛主席诗词时，屏幕上出现了笔法刚健的毛主席诗词书法作品，再配上康震激情澎湃的点评和朗读，全场的气氛都被立刻调动起来，选手和观众都进入了毛主席的精神世界，不仅被毛主席的文采折服，同时也惊叹于他的革命斗志。

《邻家诗话》每一期都会有"吟诵诗文"的环节，有时还会以"诗歌乐舞"的形式呈现，不仅是听觉的享受，更是一场视觉盛宴。如第五期节目欣赏李白的《静夜思》时，伴随着方锦龙的乐器演奏，郦波以真实的古人吟诵的方式带给我们一场听觉上的审美享受。在其吟诵中观众似乎可以真切地感受诗人李白创作时的那种心境。《经典咏流传》第二季的每一首诗词在被传唱之前都会有"经典朗诵家"为观众带来"诗词吟诵"，营造属于本首诗词的特有氛围。著名学者叶嘉莹先生则认为，伴随着诗歌的律动是先于语言文字的。她说："诗歌兴发感动的力量是从吟诵来的，传统的吟诵几乎已经失传了，我们不赶快抢救，就要灭绝了，如果我们不会吟诵，用理智来写诗，诗歌中兴发感动的力量难以找到，诗歌的生命会被减损。"因此，诗文吟诵、朗诵是当下必须重视的。然而现实中，吟诵教学十分困难，教师只能确保朗诵教学的完成。诗文朗诵是走进诗词的必要通道，是必不可少的教学方法。教师的朗诵示范能够直接影响学生对本首诗词的理解，学生能够直接或间接地受到情绪的感染。

而学生的诗文朗诵是学生走进诗文的必要途径，只有在朗读中才能发现诗文中蕴含的兴发感动的力量，并且借出自己的吟诵将自己的所感表达出来。表演式吟诵不仅仅是单纯的诗词朗诵，更重要的是试图让朗诵者在朗诵过程中能够角色代入，想象自己就是诗人，将诗人在诗词作品中想要表达的情感和意图淋漓尽致地呈现。因此在表演过程中，吟诵者要想将诗词吟诵好，就必须融入情感。

（二）情景式学习

冯卫东认为："情境教学是指教学过程中，教师有目的地引入或创设具有一定情绪色彩的、以形象为主体的生动具体的场景，以引起学生一定的态度体验，从而帮助学生理解教学内容，并使学生的认知水平、智力状况、情感态度等得到优化与发展的教学方法。"情境的创设有助于走进诗人，理解诗词情感。《邻家诗话》节目中就采用音乐渲染的方式营造相应意境；嘉宾在谈话品茶时往往结合诗词描绘出一个场景，观众通过想象画面进一步体会诗词背后的意蕴。那么语文教师在教学时，也可以采用情境教学法，创设与诗词相匹配的、生动形象的场景，引起学生的体验，从而达到良好的教学效果。教师在教学中及时引入一些古典音乐和视频也能够创设情境，带领学生走进诗意世界。学生从听觉和视觉双方面获得的审美体验，能够与学生从静态的文字中获得的审美感受相互结合相互补充。

"诗歌是艺术创作的结晶，它追求情景交融的意境，要让学生领略到这妙不可言的意境美，是古诗教学的难点，这就要靠语文教师多样化的教学方式，使古诗教学手段丰富起来。"例如在赏析王维的《山居秋暝》（空山新雨后）这首诗作时，首先播放了王中山演奏的古筝名曲《渔舟唱晚》和一段夕照碧波的视频画面。全曲共三段。第一段悠扬如歌、平稳流畅，以优美典雅的曲调、舒缓的节奏，描绘出一幅夕阳映照万顷碧波的画面，与诗句中的"空山""新雨""明月""清泉"带给人的感受相呼应。第二段音乐速度加快，表现了心情喜悦的人们的悠然自得。第三段在旋律的进行中，运用了一连串的音型模进和变奏手法，形象地刻画了荡桨声、摇橹声和浪花飞溅声的动态之感。全诗配合着乐曲将雨后空山的秋意、明月光影落于松间的美感、清泉滴落石上的清脆以及浣衣女归来竹林中的欢笑声、渔船穿过荷花带来的阵阵涟漪和荷叶左右的摇摆，和谐完美地融合在一起，给人一种丰富新鲜的感受。学生伴随着这段音乐，舒缓的节奏、动人心弦的旋律，慢慢地进入了诗的意境，进入到这如诗如画的空山雨后，感受松间照落的美妙光影，聆听清泉碎石的触碰带来的心灵悸动。

（三）竞赛式活动

《中国诗词大会》《中华好诗词》《诗书中华》等节目都是以竞技答题的形式为主，参赛选手们在比赛规则下互相PK，展示自己最优的诗词水平。《中国诗词大会》比赛氛围十分和谐，选手们相互鼓励，互相慰勉。主持人董卿和点评嘉宾鼓励所有选手，百人团选手鼓励上场选手，场上选手也鼓励接下来即将登场的选手和百人团选手，上期擂主鼓励攻擂选手，比赛氛围和谐而融洽。选手答题失误后，尽管有沮丧和难过，但也有对知识的渴求，发现自己的诗词薄弱区，认真听取点评嘉宾对作品的解读，扫清自己对诗词的知识盲区；也有的选手善于从比赛中总结经验教训，总结失分原因。大多数的选手登上PK台、攻擂席，不是为自己赢得荣誉，而是检测自己的诗词水平，和众多的诗词爱好者们共同开启一场诗词的狂欢。

初中古诗词教学也可以借鉴节目的竞赛形式，以竞赛和小礼品的方式鼓励学生记诵诗词，品读诗词。大部分的初中学生还没有进入唯美的诗词世界，没有发现诗词的美好，没有真正爱上诗词。因此开展诗词比赛都是为了能够激发学生学习诗词的兴趣。教师可以在每学期组织一次相关的诗词比赛，在学期初就将本学期比赛的要求公布，初中三年一共六个学期，每学期都可以开展一个诗词主题。例如，七年级上册时可以做好关于春夏秋冬四季、气候的诗词合辑，在学期中后阶段开展关于这类主题的诗词竞赛会，以此激发学生学习诗词的兴趣。

第二节　古诗词吟诵文化国内外交流

任何一个文化大国的崛起，不但不可缺失对自家民族传统文化的自觉自信，还必须有博大的胸怀，以包容、理解、关注和善于学习其他民族的优秀文化作为对外文化交流之国策，会通以求超胜。这是国运昌隆的当今时代赋予我们的机会和使命。中华的传统诗歌，在域外通行的名称曰"汉诗"。域外创作和研究汉诗，始于汉诗东渐，迄今约已两千年之久。中华诗词走出国门，若长河喷薄倏成大海一般，借助汉字通用会意之便利，很快为汉字文化圈的文人所接受，其流波浩荡所及，深矣远矣。古典诗词是中国传统文化中的瑰宝，包含极高的文化价值和历史价值，伴随着古典诗词教学国际交流，具有语言教学和文化传播双重功能。

一、古典诗词国际交流传播意义

（一）促进中华传统文化的传播

在《对外汉语教学中的文化因素》中指出二语习得中语言教学要同文化教学并行，否则会在实际交际中频繁遇到跨文化交际障碍，难以扎实掌握汉语精要，语言的学习难以脱离文化因素的摄入。古代诗词具有穿越历史时空的创造力、影响力和吸引力，可以令读者感受到诗歌作品的时代性、思想性和艺术性。它如同一面铜镜反映我国各时期的历史发展、社会兴衰、风俗习惯以及时代信息，是鲜活的文化教学材料，也最能体现我国传统文化的精神气质。如在王安石《元日》中，"爆竹声中一岁除，春风送暖入屠苏。千门万户曈曈日，总把新桃换旧符"融入了我国的传统节日，可以形象了解到中国古代春节百姓有点燃爆竹、饮屠苏酒、摘旧符换新符的风俗，借助诗词，表达古代人节日的愉悦之情，展现了其中的风俗景象和精神气质。在孟郊的《游子吟》中，"谁言寸草心，报得三春晖"写到了我国古代的"孝道"品质，可以了解到中国百善孝为先、母慈子孝的道德准则，有助于帮助学生学习古人的行为，接受道德标准的感染与引导。

孔子曾教育儿子"不学诗，无以言"，意为"不学诗就不懂得如何说话"，他语中的"诗"为《诗经》，中华文化传承的基础读物，可见学习古典诗词在文化生活和教育中的作用及对了解中华文化的重要性。几千年的中国传统文化，通过诗词的形式固定下来，增加了后世人了解过去的机会，感受着古人淳朴的热情和虔诚的信念，将中国古典诗词作为对外汉语课堂中的教学内容是传播中华文化的重要手段，通过诗词了解中国人的思维模式和生活习惯，学生有机会与古代的风土文物对话，学习社会关系、经济民情，真正在学习中增加对汉语的认识，提高对外汉语的交际水平与能力，同时能有效帮助学习者克服"文化休克"，提高对中华文化的认同感，培养传播责任感。

（二）促进深化语言教学

1. 语音

汉语音节是由声、韵、调三部分组成，不同的音节组合所产生的双声、叠韵等形式在古典诗词中充分体现，产生了不同效果的音乐式美感。古典诗词短小精悍、平仄押韵的特点是汉语语音教学的重要发音练习材料，谢榛就曾在《四溟诗话》中谈到古典诗词"诵之如行云流水，听之如金声玉振"，抑扬顿挫且优美动听。例如李绅的《悯农》，"锄禾日当午，汗滴禾下土。谁知盘中餐，粒粒皆辛苦"。每一句仅有五个字，却能将四个声调都包含在内，平仄押韵朗朗上口，在朗读中实现了汉语语音能力的提高，同时又不失趣味性，教师在课堂中可以引导学生从不同的角度展开对古典语言的理解，体会其中的语言魅力，在学习中逐渐培养学生的古典诗词兴趣，拓展教学范围，帮助学生增加知识储备，也可以由此开启生动愉悦的课堂教学氛围，让学生在轻松的氛围里学会学习。

2. 词汇

中国古典诗词中的字词大多运用精妙，替换他字则失意味。学习者在汉语词汇学习中往往掌握了一定数量的词汇，却在运用中缺乏准确性和规范性，古典诗词的描绘形象生动，为读者展开一幅栩栩如生的画面，有利于字词的理解，拓展词汇量，增强文学素养，让学生真正掌握语言词汇和历史发展知识，提高文化素养。

3. 语法

古代诗词由于受到"字数、句数、平仄押韵"等要求，语言精练，信息含量大，感染力强，语法形式与现代汉语有一定的不同，词语活用、结构倒装、成分省略、语句紧缩等文言语法的规则仍占主导地位。学习者在汉语语法中对学习"量词"总生畏惧心理，学习古代诗词对于量词的理解是很有助益的，例如刘嗣绾在《自钱塘至桐庐舟中杂诗》中写到"一折青山一扇屏，一湾碧水一条琴"，此句多处用到量词，教师可以运用图片演示、情景演练等方法帮助学生理解和运用。

修辞是使得汉语写作形象生动富有文采的重要手段，古典诗词是锻炼修辞手法、学习写作的有效教学素材。例如苏轼的《饮湖上初晴后雨》中，"欲把西湖比西子，淡妆浓抹总相宜"，拿西施的美来比喻西湖之美，栩栩如生，意境的营造、意象的塑造和语言的运用能有效激发学习者学习中国古典诗词的兴趣。

（三）有助于激发学生学习兴趣

中华五千年文明是吸引外国学习者学习汉语的重要因素之一，学生可以在诵读和赏析古典诗词的过程中增强对中华文化的认识，在讨论与分享中了解诗词背后的故事。在学习过程中教师可以引导学生发现自己的兴趣点，并进行深入的探究讨论，激发学生的学习好奇心及学习动力。"熟读唐诗三百首，不会作诗也会吟"，教师可以利用古典诗词故事性强朗朗上口的特点，在教学环节中设置情景短剧、互动游戏、诗词背景分享等教学活动，激发学生对学习诗词以及了解中国文化的兴趣和热情，帮助学生在兴趣中掌握古典诗词的学习方法，真正进入诗词情境。

（四）传播中国传统人文精神

王国维在《宋元戏曲考·序》中写："凡一代有一代之文学；楚之骚，汉之赋，六代之骈语，唐之诗，宋之词，元之曲，皆所谓一代之文学，而后世莫能继焉者也。"中国古典诗词随着时代的变迁而演进，每个历史阶段的诗词均有各自的特点。中国古典文学自两汉、魏晋南北朝，到隋、唐、宋、元所有的文章、辞赋、诗、词、元曲、明清小说，从内容到艺术表现手法、风格都有儒、道、佛三家之渊源，其中尤以古典诗歌艺术最为显著。

儒家代表杜甫一生以"饥寒之身而怀济世之心、处穷迫之境而无厌世之想，从诗人的琴弦上经常弹唱出忧国忧民的深沉音调"，把诗歌艺术和社会政治现实高效结合在一起。其诗无论是感怀、咏物、描景抑或怀古，都写得非常警策、精妙。杜甫的诗歌艺术的特色最好地证实了杜甫是一个忠实的儒家思想信奉者。杜甫最优秀的现实主义诗篇渗透着的是儒家的"仁"，是一种对人间疾苦的关爱之情，是对人民痛苦生存的同情，将普世的人文关怀加注到自己的诗词创作中，关注底层人民的苦难和悲喜，在保证诗词艺术性的同时具有极强的现实意义，为后世研究古人的生活状况和人文建设留下了宝贵的史料。

道家代表"诗仙"李白的诗歌清新飘逸、豪放壮浪。诗歌语言汪洋恣肆、张扬而意境开阔、形象瑰丽、诗句长短不拘、参差错落，其诗篇给人以雄伟阔达，惊心动魄的美感。在极具浪漫性的诗意表达中展现了诗人理想化的情感追求，让诗词的意境宏大幽远，有些诗篇中神幻的形象往往让人联想庄子的《逍遥游》，因此，人们称李白为诗歌艺术浪漫的代表，诗句中常流露道家的思想。

佛家代表王维的山水田园诗，既有描绘高山、大河、荒漠的崇峻和浩渺的壮丽场面，也有刻画山鸟、树木、草虫细致声息的诗篇。王维的诗歌艺术，独出机杼、情致殊异、迥异其趣。往往达到寓情于景、寓理于景的效果。王维的诗语言凝练、造诣平淡而情味无穷，读起来令人神清气爽，在说理中流露出真情实意，给人以一种"空灵"的美感，这种"空灵"的美感，就来自佛家禅宗的禅语和禅悦，王维的诗的最大艺术特色就是最充分地体现了禅宗"悟"的意蕴，给人一种理性与诗意兼备的情感体悟。

中国古典诗词博大精深、意蕴悠长，教师在向学习者讲解诗词深意时，要有意识地渗透文化背景，帮助学生真正理解诗词的来源和情感渗透，令学习者在诗词中得到身临其境的具体感悟，感受诗人的悲痛、苍凉、理想与情操，对其了解某些抽象晦涩的中国文化意象意义深远。

二、古典诗词以吟诵教学方式推动国际交流传播

（一）古典诗词内容的选择

中国古典诗词撰写题材丰富，表达形式多样，数量浩如烟海，作为对外汉语课堂上的教学内容，诗词的选择需要考虑到学生的语言水平、接受程度以及文化禁忌，作品需要具备代表性、针对性和实用性。诗词的选择应脍炙人口，便于赏析和理解，反映时代特征、思想观念、生活方式和风俗习惯，学生应能从作品中获得文化信息以及语音标准、词汇丰富、语法规范等方面的技能，帮助学生在有限的学习中了解更多的中国文化，掌握基础知识。

同时，教材内容编排的科学性要摆在首要位置，由浅入深，循序渐进，要符合第二语言习得和教学规律，从教学对象的实际学习水平出发，适合学习者的特点和需求，合理安排教学内容。在注重科学性的同时增强教材的趣味性，选择贴近生活的诗词主题，充分调动学习者课堂参与的积极性。

（二）文化知识与语言教学并行

语言是文化的重要载体，文化需要靠语言来传播，语言体现着文化，二者不可分割，语言教学不能完全脱离文化背景教学而独立存在。不了解古典诗词背后的历史背景和诗人的心理特征就无法深刻领略诗词的深刻含义，所以对外汉语课堂上不能一味地对诗词的字句进行深挖，而要渗透到具体的文化内涵和诗人的生平中，便于学生理解，同时由于学习者的母语文化与目的存在一定差异，要注意避免容易引起文化冲突的部分，在求同存异中开展教学，完成文化的交流与传播。

（三）多元教学方法

1. 诵读法

古人云，"读书百遍，其义自见"，诵读法是我国传统的语文学科教学方法，在朗诵和阅读中培养学生的语感，同时体会作者描绘的意境和感情，中国古典诗词篇幅小、字数少，很适合作为汉语诵读材料。朱光潜先生曾说，"学诗用目不如用耳"，在反复的吟诵中通过节奏的押韵体会古代诗词音韵之美。朗读一般可以分为齐读、领读、泛读、跟读、配乐朗诵等方式，诵读中不能仅关注次数，也要注重语气、情感、语调以及读音的准确性，在掌握诗词的内涵

并增强语感后可尝试背诵名句或名篇，提高学习者的知识储备和文化底蕴。

2. 情景教学法

情景教学法也叫视听教学法，它是一种将视觉和听觉有效结合起来的教学方法，这种方法以情景为中心，充分利用手势、图片、幻灯片、多媒体、课件等教具创设情景，培养学生的听说能力。运用情景教学法进行诗词教学，可令学生将抽象的文字与现实生活结合在一起，运用丰富的想象身临其境地把握诗人创作背后的情感，并引起情感共鸣，有利于学生领会诗词主题，使课堂丰富多彩，妙趣横生。让学生在想象力和创新发展的指导下重新感受和理解诗词，让古代诗词在今日重现新意。

3. 体验法

体验式课堂教学法即在学习一首诗词的过程中，可以让学生通过角色扮演，以当代人的角度重新体验，在原有的故事背景的基础上配以改编的剧情，进行舞台表演，真正让学生融入诗词情境。此教学法不仅可以令学生深入理解诗词的内涵与创作背景，更能有效地调动课堂氛围，提高学习者的课堂参与度，锻炼其汉语语言的表达能力与写作水平。

4. 活动法

学习古典诗词不仅是课上的教学活动，课余的扩展学习和积累同样重要，教师可以通过举办诗词朗诵比赛、诗词表演活动、诗词书法大赛、手绘诗词、古典诗词专题讲座、诗词学习交流会等课余活动，以轻松愉悦的形式普及古典诗词知识，让诗词走进学生的生活，扩大学生与诗词的接触机会，激发学习者获得学习兴趣，并力求在潜移默化中拓宽学习者的诗词储备量。

第六章

古树开新花
岁岁催嫩芽

——古诗词吟诵教学与现代教育技术的结合

在古诗教学中，由于它语言文字的难懂，表现形式的跳跃和思想内容上的时空差异，古典诗词中所蕴含的那种优美意境，很难在小学生的头脑中想象再现。借助现代教育技术，通过一幅图、一首曲、一段解说或是一幕融声、光、形、色为一体的视频电影，完全可以以鲜明的形象强化学生对诗词感知的真切感，以真切的情感调动学生参与认知活动的主动性，以广远的意境激发学生拓展诗词的想象力，以蕴涵的理念诱导对诗词理解的认识力。

第一节　古诗词吟诵之微课教学

集形、声、光、色为一体的现代教育技术，直观、生动、形象，有较强的感染力。它能使抽象的内容具体化，静态的内容动态化，复杂的内容简单化，深难的内容通俗化。这种具体形象，通俗易懂且颇为有趣的现代教育媒体正符合中小学生的认知心理规律，具有传统的教学手段和常规电教媒体所无法比拟的先进性。近年来，微课以直观生动的形式，不受时空限制的独特优势，成为课堂教学的有效辅助形式。当古诗文教学遇见微课，课堂又多了几分色彩和灵动，两者的融合将会让中小学诗词教学变得更有趣味。

一、诗词吟诵教学微课应用必要性与可行性分析

（一）必要性分析

1. 诗词字句深度解读需要

语文学习的关键在于消化、理解、积累，短时间的课堂讲授效果不理想，导致学生在遇到实际问题时无从下手，难以达到学以致用的目的，造成学生产生学习挫败感而丧失学习动机，甚至造成学生形成"语文学习无用论"的错觉而抵触学习。对于古诗词更是如此，由于古诗词年代久远、言简义丰、概括性强、跳跃性强等特点，学生认为古诗词内容过于抽象，教师也没找到合适的对策，学习古诗词便流于形式，在很多时候，只是完成了背诵任务，并没有真正感受诗词的意境和情感。俗话说"书读百遍，其义自见"，古诗词微课由于其"微"的特点，一经发布到网上，就可以为学生提供自主学习的环境，他们可以自主地点播学习的时间和地点，还可以反复观看，内化知识、深化知识，弥补了课堂教学即时性的缺陷，满足不同层次学生的学习需要。有针对性地解

惑、启惑，调动学生的学习主动性，真正打破了常规课堂教学模式。

2. 学生主体地位的体现

《全日制义务教育语文课程标准（2011年版）》的课程基本理念之一便是"积极倡导自主、合作、探究的学习方式"。这个理念体现了学生是学习和待发展的主体，所以在教学中需要关注学生的个体差异以及他们不同的学习需求，学生的好奇心和求知欲应该被关照，他们的主动意识和进取精神需要被充分激发。因此，在确定教学内容、选择教学方法以及设计评价方式时要考虑是否有助于这种自主、合作、探究的学习方式的形成。微课教学改变了传统的教学方式，主要在以下两方面体现学生的主体地位：一是有助学生个性化学习。所谓个性化学习是指以反映学生个性差异为基础，以促进学生个性发展为目标的学习范式，这意味着要围绕学生不同的学习方式来塑造教学。首先，不同的学生在学习过程中会产生各异的问题，教师在制作古诗词微课时可以制作识字篇、朗读篇、赏析篇、背诵篇等，使微课能更好地满足他们对不同知识点的个性化学习、按需选择学习的要求。其次，微课可以打破时间与空间的限制，学生按需要不仅能在课上学，还能课下学。最后，微课所讲授的内容呈点状、碎片化，能更好地满足学生个性化的学习要求。此外，学生不只需要扩展知识量，也需要拓宽知识面，自古就有"诗无达诂"的说法，在浩瀚的古诗词海洋中，有部分诗词的解读是存在很大争议的，但因课堂时间有限，老师往往会对该诗词进行最大众化的解读，对于学习层级较高的学生来说，他们会想要探究该诗词的其他解读。这时就可以在微课中搜集整理相关说法，对课堂内容进行补充，学生课后进行学习。如李商隐《夜雨寄北》存在是不是寄内诗的争议，因为"西窗"是读书处，古人于此会友、宿客。通过微课对这些争议观点进行罗列，又可以提升学生的古诗词文化底蕴和诗词审美素养。二是转变师生角色。教师这个职业是人类社会最古老的职业之一，发展到如今，教师所代表的的职业角色也不仅仅是知识传授者了，如果继续仅局限于这一角色，将使课堂处于"灌输式"的压抑环境中。从课标的具体要求来看，初中阶段是义务教育的第四学段，这时对学生的独立性有了一定的要求，如能制定自己的阅读计划并完成、有独立完成写作的意识、对话题有自己的观点等。那么如何培养学生这些能力呢？应该是由以往的老师"背着走"变为"扶着走"，首先要肯定学生的主体地位，然后再激起学生的主动意识，把语文课堂打造成在教师的指导下，有目的、有计划、自觉的语文学习活动，并使学生积极参与进来，并进行创造性思考，即实现"发现学习"。一方面，微课转变了教师的灌输者角色，使之成为学生学习的引导者，在这个过程中，微课还促进广大教师教育技术能力的提升，为教师的专业成长提供一个新平台（一个优秀微课的设计开发可以综合提升教师各方面的信息素养和教育技术运用能力）。另一方面，微课转变了学生的被动接收者角色，使之成为知识的主动获取者，如果不进行实践、体验，将不会获得想知道的知识。

3. 教育信息化发展要求

《国家中长期教育改革和发展规划纲要（2010—2020年）》指出："促进优质教育资源普及共享""加强优质教育资源开发与应用""信息技术对教育发展具有革命性影响，必须予以高度重视。"我国《基础教育课程改革纲要（试行）》也明确指出：大力推进信息技术在教学过程中的普遍应用，促进信息技术与学科课程的整合，逐步实现教学内容的呈现方式、学生的学习方式、教师的教学方式和师生互动方式的变革。从这些文件可以看出，信息技术正深刻变革着教学环境。顾名思义，信息化时代代表着信息、知识的爆炸性丰富，信息时代对人才有多方面能力要求，其中包括从浩如烟海的信息中快速且有效地获取信息的能力，并以此应对日常工作生活。微课是顺应时代要求的产物，它的价值主要体现在以下两方面：一是提高知识获取效率，随着信息技术的发展和普及，我们获取信息、知识的方式由以前言传身教的被动方式正在向自我获取和自我更新的主动式获取方式进行演变。一段古诗词微课视频虽然仅在10分钟以内，可却是制作者对知识的深入整合，他们已经对知识进行了第一次筛选，学生在教师的指导推荐下观看相应的微课视频，有选择地了解相关知识，这是对知识的第二次筛选。经过两次筛选，用最短的时间获取到学生最需要掌握的知识，微课这一形式大大提高了知识获取的效率。二是适应新型教学模式，教学模式是指"在一定的教学理论或教学思想的基础上，为实现特定的教学目标，运用相应的教学策略，设计稳定而简明的教学程序，并具有可操作性的教学模型"。近些年，在教育领域兴起的翻转课堂教学模式和微课形成友好的互补关系，翻转课堂的特征是"先学后教"，传统教学的强调预习式"先学后教"主要需要借鉴相关文本资料，而翻转课堂却需要联网搜寻相关微课程资源，不仅可以拓展学生获取知识的深度与广度，而且更能吸引初中学生的眼球，使学习更加富有趣味性。

4. 学生学习能力提升要求

学生的知识水平和认知能力存在差异，再加上古诗词本身的复杂程度，这两点成为学生古诗词阅读能力存在层级的客观条件。《语文课程标准》在"学段目标与内容"中要求7—9年级学生应具备如下能力："欣赏文学作品，有自己的情感体验，初步领悟作品的内涵，从中获得对自然、社会、人生的有益启示。对作品中感人的情境和形象，能说出自己的体验；品味作品中富于表现力的语言。诵读古代诗词，阅读浅易文言文，能借助注释和工具书理解基本内容。注重积累、感悟和运用，提高自己的欣赏品位。"由此看出，对初中生古诗词阅读欣赏能力层级划分不宜过高、过多，可将之分为三个简单明了的层级：认读层级、理解层级与评价层级。其中，依据难度、梯度不同，还可将评价层级进行细分，如诗歌系统评价、风格鉴赏评价、意象情感评价等。大部分的初中生在借助课下注释和工具书学习后，能够正确诵读识记字词，并且能对诗词的基本意思与基本情感进行阐释，即能达到认读层级和理解层级。但是当需要具体解读分析单一诗句的意象与情感关联时，许多学生无法做出正确的分析评价，即他们距离评价层级还有一定的差距。此外，当前的古诗词教学方法比较单一，首先通读全诗、全词，再对重点诗句词句进行解析，最后让学生背诵，这样的教学方法严重限制了学生的想象力和创造力，影响了教学质量。因此，为促进初中学生古诗阅读能力层级的有效提升，微课不失为一个很好的选择，微课选取一个点进行讲解，而一篇古诗词也正需要这样的深入解读；此外，将古诗词知识点以微课的形式教授，生动的启发式教学，符合初中生的认知水平；最后，也是最重要的一点，微课改变了传统重知识讲解，情境体悟不足的问题，通过微课将古诗词化静为动，将枯燥的知识变为生动的画面，再现古诗词的情境，学生真切地感受到文本的意境，更有利于理解作者的感情。

（二）可行性分析

1. 微课对古诗词内容的包容性

课标要求部编版初中语文教材中的必背古诗词有39首，其中字数最多的是杜甫的《茅屋为秋风所破歌》，全文共171字，字数最少的是陈子昂的《登幽州台歌》，全文仅22字。字字珠玑是优秀古诗词的特点，而微课也有着"课微不小"的特点，虽然时间仅在8—10分钟，但所含的教学内容确是丰富的，一堂微课是可以包容古诗词的某一知识点教学的。

2. 信息科技设备高度普及

信息技术的发展影响了我们生活的方方面面，具体到学校，它改变着我们的教与学的方式，以往只有黑板作为媒介，现在可由多样的媒体设备进行知识的传递。在这样的环境下，学生的自主性更大，随着手持移动数码产品和无线网络的普及，学生不仅仅从老师处获取知识，他们可以在课外自主查阅资料。古诗词微课由于时间的限制，老师会提到知识点，以"授之以渔"的方式提出一些学习的建议，比如课前需要某些预习，课后建议补充学习等。基于微课的在线学习、移动学习、远程学习、泛在学习的模式由于电子设备的普及得以发展。

3. 微课教学系统的完整性

胡铁生在《中小学微课建设与应用难点问题透析》中明确指出"微课的资源构成可以用'非常6+1'来概括"。即微型教学视频片段加上微教案、微课件、微练习、微反思、微点评、微反馈等辅助性教与学内容。由此可以看出，微课虽小，却完全称得上是完整的课，所以一节微课可以担得起一首诗词的讲解。在许多常规的诗词微课中，都有这样一个大致的讲解流程：由诗人、写作背景介绍到诗人写作风格探讨，再到解读诗意，最后总结拓展。时间短还能包含这么丰富的内容，对诗词的解读也能到位，在此基础上，学生还能更真切地体味情境。一般教室课堂会花40分钟讲解一首古诗词，相比较，微课教学这一形式显得更有效率。

4. 微课能构建古诗词情境

相比于传统教学形式，微课能够有效利用图片与音像营造古诗词学习氛围。通过微课这一载体对诗词内容进行生动形象的展现，以创设学习情境，学生在与所学古诗词相对应的古典音乐烘托下，欣赏意象构造出来的画面，他们的情感体验将被更大程度丰富，学生也能在这种良好的教学氛围下充分感知诗歌意境，古诗词的无穷魅力也能被感知到，学生浓厚的学习兴趣被激发。

二、诗词吟诵教学微课应用之路径与原则

（一）应用路径

1. 建立微课资源库

古诗文微课资源库的建立是一个系统的工程，单凭个人力量很难完成，要充分利用各种资源，团队协作完成。资源库可以从小到大，分级逐步建立。比如一篇古诗文的资源库，一个古诗文单元的资源库，一个语文模块的资源库等。

（1）利用团队力量，集思广益，分工协作

充分利用教研组的优势，分工协作，提高工作效率。例如语文基础模块《劝学》一课相关微课的制作，在统一的主题和风格下，把课文知识点分解为：

诵读类：包括课文录音，名段美读，重点字、词范读。

文学常识类：荀子。

古诗文知识：包括通假字、词类活用、古今异义、特殊句式及这些知识的相关练习。

翻译。把这些知识点分工协作做成微课，资源共享，既能为古诗文教学生动形象化服务，又能为学生的个性化学习提供合适的资源，还能使优质资源扩大化，提高工作效率。

（2）利用网络资源，丰富微课内容

互联网为我们提供了很多可以共享的优秀的资源，我们可以根据实际情况借鉴和选用。例如诵读方面的音频和视频，教材所附光盘中的课文诵读都是名家录制，字音婉转流畅，感情细腻充沛。网络上还有丰富的名家诵读表演视频，我们都可以模仿或借鉴。互联网时代要求我们要与时俱进，充分利用信息化的便利和迅捷，为教学工作服务。

（3）根据学情和课堂需要制作不同类型的微课

古诗文微课常用的类型。

根据课堂教学方法，常用的微课类型有：讲授类、欣赏类、练习类、自主学习类、合作学习类、探究学习类等。例如，讲授类微课常常涉及以下内容：古诗文知识：通假字、词类活用、古今异义、特殊句式、翻译、意境等。把这

些知识点做成微课，用生动形象的课堂激发学生的学习兴趣，也可以让学生根据自己的实际情况，课外进行自主学习。

根据课堂教学环节，常用的微课类型有：课前复习、预习类、新课导入类、知识理解类、练习巩固类、课外拓展类。

课前复习、预习类：这类微课根据翻转课堂的理念，把课堂上一些适合学生课前自主学习的内容，做成相关音频、视频，供学生提前学习。如古诗文的诵读、作者介绍等。

新课导入类：这类微课制作的目的是唤起学生的学习动机，引起学生的学习兴趣，为课堂铺垫一个良好的氛围。如《兰亭集序》一课的导入微课——《兰亭集序书法作品欣赏》。

知识理解类：这类微课把古诗文的知识点分解为一个个的点，充分利用微课的特点，一个微课制作一个知识点，针对性强，既能作为教师课堂精讲的内容，也可以给学生课外个性化学习提供资源。

练习巩固类：此类微课主要针对课堂教学重难点，设计相应的练习，供学生课堂检测或课下自测。如各类词法应用、句式的特点、翻译等。

课外拓展类：此类微课把古诗文的优秀作品，相关古诗文的对比阅读等，制作成微课，给学生提供优质的古典文化学习资源，如微课《李白诗词中的月亮》《唐诗中的成语故事》等。

2. 构建有效的学习体系

把微课应用于古诗文教学中，除了建立资源库，提供丰富的可以共享资源外，还要建立有效的学习体系，以保证学习的有效性。学习体系的构建需要做好四个环节的建设：课前预习、课堂探讨、课后检测、课外延伸四个环节的有效衔接，微课与教师课堂内容的有机融合，这就需要把微课资源和古诗文课堂教学进行科学的设计，有效的融合。比如《孔雀东南飞》一课的课堂设计，课前上传复习、预习型微课：《乐府诗的特点》《乐府名句对句》，课堂导入用微课《梁祝》，铺垫课堂气氛，教师抛出问题，课堂分组探究，解决本课主体问题——刘兰芝爱情悲剧的原因，及时进行课堂检测，上传课外拓展型微课《古诗文中的爱情观》。把分解的知识点做成微课，辅助教师课堂讲解，用生动的课堂和多彩的课外自主学习方式，提高教学效率。

3. 搭建学习平台

把微课应用于古诗文教学，除了建立丰富的微课资源库，构建好有效的学习体系外，还要搭建好共享、交流的平台。条件好的学校可以建立相关的互联网学习平台，进行资源共享和反馈、交流。积极为学生搭建多样的学习交流平台，定期、准时上传相关微课，及时进行沟通和交流。为学生提供丰富的学习资源，提升学习效果。

微课是课堂教学的有效补充形式，对教学起着辅助作用。当微课遇上古诗文，古今结合的优势将给传统的课堂带来更多的色彩，更高的效率，也为学生的个性化学习提供多样性的选择和便利。

（二）应用原则

1. 聚焦性原则

微课程区别于其他课程的最显著特征便是"短""小""聚焦"，该特征体现在微课的时间和内容上。首先，在时间上，一堂微课以5—10分钟为宜，最少的1—2分钟，最长不宜超过20分钟。在内容上，短时间对应内容的聚焦，一堂微课只讲一个知识点，微课教学效果的好与坏，知识点的选择和分析处理非常重要。这一原则在微课命题时就应该体现出来，在题目中体现本堂微课的知识点。如"感受诗歌《蒹葭》中的音韵美""《逢入京使》导学"等。此外，聚焦性原则还要求微课视频资源容量小，清晰度高，最好适合用在移动设备上学习。

2. 学习者中心原则

微课的设计要从分析学生情况出发。为了激发学生的学习主动性，要充分挖掘现代教育媒体的潜能以丰富教学方法和教学手段，以此提高教学质量和学习效果。在设计以及使用过程中，微课程要始终坚持学习者中心原则，应该结合学生的学习兴趣来进行微课制作与教学，充分展示学生感兴趣的、愿意关注的知识内容，吸引学生，是取得良好学习效果的第一步。"教是为了达到不需要教"的目的有赖于学生的积极参与和利用现代媒体主动学习来实现。在古诗词微课教学中，始终要贯穿一条学习理念，即"先学后教、以学论教、以学定教"。微课主要以微视频的形式面向学生，并且大多用于学生自学，是典型的自助式一对一的学习。所以在进行微课设计时，要考虑学习者的特点，包括学生的年龄特点、知识储备、思维特点等，如初中生相较于高中生，会更接受对内容做生动的讲解，将复杂的知识点简单化。如果是一线教师自主设计微课，那便要考虑学情，把握学生的疑点难点进行微课设计。微课的设计还要指向和学生的互动。教师、学生、教学方法与手段是课堂教学中实现教学目标的三大因素，有机地结合这三者，可有效激发教与学双方的积极性，教学目标的实现需要这两方发挥主动作用，微课程的价值因此也得以实现。生动有趣的、易于理解的图片或动画形式更容易被学生接受，进而学生的学习动机才能被激发出来，因此要在微课程设计时转化抽象道理和长篇的文字叙述，营造高效有益的互动学习氛围。如今微课教学中，教师不一定出现在镜头中，与学生的交流也不是面对面，但教师需要做到"现场无学生，心中有学生"，利用语言这个重要的工具，使学生产生"一对一，面对面"之感。微课所含要素丰富，除了最重要的视频部分，还有微探究、微思考、微评点、微讨论等一系列教学活动，一堂完整的微课不是仅仅播放视频让学习者观看，还需要各环节要素相配合，引发学习者思考，在拉近教育者和学习者距离的同时，增加学习者自身的学习动力，这才能体现出微课存在的真正价值。

3. 有效性原则

有效性原则是指微课设计要选好知识点，真正解决教学中的重点、难点以及易错点。学生自己通过阅读教材可以理解的知识与能解决的问题，不是他们学习过程中的重难点，因此不需要制作微课程；学生通过自学不能解决，必须经教师讲解才能明白的内容就是微课设计所需要选取的知识点。传统课堂讲解能够很容易讲清楚的知识点，也不需要制作微课程。微课教学有效的另一方面还体现在教学设计要具备创新意识，在进行微课设计时，教师要根据教学对象、教学内容和教学目标的特点，有针对性地对知识进行筛选，预想微课的使用时机，选择好媒体等要素。

4. 界面诗意原则

微课的制作和教学要与课程特色相结合，表现课程特色。微课的主要表现形式是微视频，古诗词微课要有古诗词微课的特色，即在视频呈现上体现诗意。一是体现在背景设计上，可以通过使用中国风的山水画背景、插入古典音乐作为背景音频来体现古诗词微课的语文学科特性。二是体现在界面色彩设计上，学习者的学习心理会被学习资料的色彩影响，建议古诗词微课选用黑白色为主的水墨画风格。三是体现在界面板式设计上，要求遵循简洁、大方的原则。四是体现在界面动画设计上，插入动画的初衷是为了激发学习者的兴趣，但过多的动画效果则会产生喧宾夺主的弊端，所以动画设计要求简洁、切题插入。五是体现在界面风格设计上，风格是整体画面所共同形成的且应该是统一的，古诗词微课教学界面可以按照诗词的诗眼词眼或关键词句发散展开。

5. 拓展延伸原则

所谓拓展延伸原则是指古诗词微课要注意引用，讲一首诗词或一个知识点要联系其他诗词，营造氛围增加学生的古诗词积累量。如讲古诗词中的形象，具体讲到形象的分类，则要联系所学或具有代表性的诗词来进行举例，可以通过《将进酒》总结出有自身形象、通过《念奴娇·赤壁怀古》总结出有他人形象、通过《石灰吟》总结出有物的形象、通过《雨霖铃·寒蝉凄切》总结出有景的形象，最后再讲到形象和情感的关系，引用《周易·系辞》中的"立象以尽意"，引用《人间词话》中的"一切景语皆情语"。中国是诗词的国度，在历史发展中，形成了许多诗派词派和抒情风格等，要注意引导学生体会并总结，重要的是在教学中让学生深刻体会到中华深厚的文化底蕴，增强文化自信。

第二节　古诗词吟诵之新媒体教学

新媒体下古诗词吟诵课堂教学的目标目前对古诗词等传统文化缺乏精准传播普及是主要问题，课堂教学是培育古诗词吟诵的主要阵地，创新传统学习方式是教育工作者应该予以高度重视和关注的内容。随着新媒体技术的发展，多媒体网络引进课堂教学，给古诗词吟诵的课堂教学带来了一个新的契机。在课堂教学中善用各种技术媒介，革新传统教学模式，不仅能够提升课堂教学质量，更为重要的是能够以学生更易接受的方式让他们接受古诗词文化的熏陶，感受古诗词吟诵的魅力。互联网与新媒体下古诗词吟诵课堂的教学目标是利用新媒体的媒介作用，以一种有效且更易于接受的方式激发学生的兴趣，改变灌输式教育模式，从而提高学生学习古诗词吟诵的主动性和积极性，才能最终提高学生的理解能力、语言表达能力和鉴赏水平，在学习过程中感受到古诗词的美。

一、古诗词吟诵之新媒体教学优势

（一）基于视听创设情境

语文教学应激发学生的学习兴趣，新媒体可以集视觉、听觉于一体，具有图文并茂、声像兼具的特点，使得课堂知识更加生动形象，极大地调动学生的学习兴趣。运用新媒体技术进行教学时，可以添加生动形象的图文、音频、视频，调动学生的多种感官。图文、视频可以直接给予视觉冲击，音频可以利用听觉来感受，感觉可以借以视觉、听觉来触发，从而感受被深入挖掘，因此可以吸引学生的注意力，极大地调动学生的学习兴趣，使学生的学习更加高效。初中生对新鲜事物非常敏感，也比较容易接受新鲜事物，老师在课前播放优美的音乐，展示美丽的图片，营造氛围，用令人陶醉的语言娓娓道来，学生的视觉、听觉都被吸引住，有着极大的学习兴趣。而兴趣是最好的老师，学生的学习兴趣被抓住，就会主动学习新知识。新媒体技术能利用音频、视频、动画、图片直观形象地营造教学情境，通过调动学生的听觉、视觉等各种感觉器官，来激发学生学习的兴趣，帮助学生更好地学习知识，提高学习效率。在古诗词教学中，教师应该抓住机会，利用新媒体技术创设情境帮助学生更好地学习古诗词，以期获得最佳的教学效果。老师通过播放可视乐曲《水调歌头·明月几时有》，创设优美情境，刺激学生的视觉、听觉感受，调动学生的情感体验，让学生对于抽象的意境有着深刻的理解。老师还提供优美静谧的月夜图片，让学生配乐朗读，优美的画面，动听的音乐，触动学生视觉与听觉感官，让学生在反复的诵读中丰富学生的情感体验，品味词的深刻内涵和优美意境。

（二）基于展示丰富体验

前苏联著名教育家苏霍姆林斯基认为："直观性是一种发展观察力和发展思维的力量，它能给认识带来一种情绪色彩。"新媒体教学可以带给学生直观性的感受，深入对知识的理解，提高学习效率。相较于提供给学生有限信息的传统教学手段，新媒体教学在很大的程度上弥补了这一缺点。新媒体教学打破了时空的限制，将知识直观地展示在学生的面前，对已有的知识进行深入的挖掘，增大了课堂的容量，丰富了学生的知识，提高了教学的效率。利用新媒体交互性强、传播速度快、信息量大等特点，来展示背景、呈现知识，达到"知人论世"的效果。利用新媒体技术迅速地把课程资源显现在学生面前，让学生直观阅读，这样不仅有效地减少了讲课和板书的时间，还使传授的知识更多了，课堂教学的内容更丰富了，教学效果也更好了。

（三）基于搜索完善资料

大部分学生都能使用且有条件接触新媒体，这为新媒体运用于古诗词教学提供了可能。《义务教育语文课程标准》（2011年版）中的语文课程目标与内容，要求第四学段的学生能利用图书馆、网络搜集自己需要的信息和资料。新媒体具有分享的功能，当遇到优秀的教学资源时，教师可以利用新媒体分享给学生。教师还可以利用新媒体搭建交流平台，针对问题进行交流，培养学生的积极思考的能力。学生也可以利用新媒体搜集资料参与讨论，有助于培养学生搜集信息的能力。丰富学生知识储备量，培养学生收集整理信息的能力。学生利用网络探索相关知识，丰富自己的知识，也可以利用网络互相讨论，分享自己的观点。

（四）基于活动活跃课堂

新媒体促进课堂教学活动的实施，增强师生之间的互动。利用新媒体，课堂教学有了第三方的参与，丰富了课堂活动。课堂活动的丰富，极大地促进了教师的教与学生的学，师生之间形成积极有效的双向互动。教学形式和学习形式的多样化，提高学生的学习兴趣，吸引学生的注意力，使得学生更加快速融入课堂中，促进学生积极主动地学习。教师在教学《钱塘湖春行》时，利用图片导入，让学生自己感受美景。如果教师自己说杭州很美，没有见过杭州美景的学生光听教师说，是感受不到杭州的美景的。正所谓"耳听为虚，眼见为实"，通过图片，让学生自己领略杭州的美景才更真实。在诵读感知部分采用听录音读、齐读、配乐朗读，朗读形式多样。在教学行踪路线时，通过多媒体课件展示图片，让学生对地点不再是单纯的文字印象，通过动画来展示路径，更是一目了然。整个教学过程轻松愉快，教师与学生之间进行积极有效的互动，教学活动丰富，学生在良好的学习氛围中牢固掌握知识点。

（五）基于网络拓展渠道

课堂时间是有限的，老师不能随时随地都在学生身边，新媒体有效地打破时空的限制，完美地解决了这个问题。当学生在学习上遇到困难的时候，可以通过新媒体与老师联系，老师不必在学生身边也可以为学生解疑答惑。网络上有着大量的优秀学习资源，学生也可以利用电视、电影、手机和网络等多种新媒体，自己搜寻答案，提高学生自学的能力。2020年，新冠疫情席卷全球，教育也受到了严重的冲击。根据疫情发展情况，中央应对疫情工作领导小组2月27日会议明确要求大中小学、幼儿园等开学开园时间原则上继续推迟。日前，教育部办公厅印发《关于深入做好中小学"停课不停学"工作的通知》（以下简称《通知》），就有序、有效、深入开展"停课不停学"工作再次提出指导意见。《通知》总结推广了各地前一阶段"停课不停学"的典型经验做法，为各地做好下一步工作提供借鉴参考。一是统筹利用电视和网络资源，实现了优势互补、资源共享、全面覆盖；二是统筹课程学习和战"疫"专题教育；三是统筹线上学习特点和学生实际需要；四是统筹用好本地资源和国家平台，指导地方和学校用好国家中小学网络云平台和中国教育电视台4频道空中课堂学习资源；五是统筹发挥骨干教师和全体教师作用，组织优秀骨干教师进行课程录制、资源提供和线上教学指导，同时组织全体教师以多种方式广泛参与学生线上学习指导、答疑和家校沟通等工作。新媒体打破时空的限制，为学生提供多样化的学习环境。传统的线下教学，是将学生与教师集中在教室里面，完成课堂教学。在2020年初暴发的疫情，使得开学时间不断推后，师生没有办法集中在教室中进行学习。于是全国提倡"停课不停学"的主张，各个教师化身主播，利用新媒体进行课堂教学、布置作业、批改作业等。在特殊时期，师生利用新媒体完成线上教学，不仅有力地保证了自己的身体健康，更重要的是使得教学任务按时完成，让学生的学习不必停滞不前。

二、古诗词吟诵教学新媒体应用原则与方法

（一）应用原则

1. 主动性原则

这是首要的原则，但却是隐性的原则。如果教师没有利用新媒体情境意识，他的教学就不会按照情境教学的要求来设计和组织，即使按照设计的情境教学来组织，其结果必然是情境只是情境，而情境之后仍然是讲述。另外，学习者也要具有情境意识，也就是说，学习者要能够不断意识到自己所处的特定情境与获得新知识和新技能有关。只有这样学生才能有目的、有意识地去加工情境，而不是被动地刺激到。

2. 创造性原则

学生的创造性发展，并不是大脑中就有的，而是有意识、有目的地进行的。在学生学习的价值取向中，学科知识被置于比实践能力更重要的地位，习惯于接受和认同教师和教科书的传授，不了解知识的产生、发现和发展过程，缺乏发现问题解决问题的能力，尤其是不善于应用收集、创造、操作和交流等技能来处理那些有关证据、数字、模型、逻辑推理和未知情境中的问题，缺乏主动获取知识的探究意识和能力。由于知识脱离了具体的背景导致知识过于抽象，缺乏实际意义，除了用来解题进而通过考试，学生不知为什么要学这些东

西，更谈不上用知识去解决蕴含在纷繁复杂的实际场景中的问题。

3. 实践性原则

新媒体情境创设与需要传递的知识是一致的，二者最大的区别在于情境是具体的，而知识是抽象的。因此，情境一定要可感知、可体验、可操作，情境要为探究提供支撑，蕴含有探究所需要的信息，学生可以通过实践从情境中提炼出这些信息，从而完成探究。学习知识的目的就是为了运用，不通过学生自己的实践，知识难以转化为能力。重视学生通过类似于科学研究的方式去探究现象或问题，从具体中抽取知识，既能够让学生以个人的方式体验知识产生和发展的全过程，又能让学生通过体验独具个人特色的学习过程而发展学习能力。这种能力一旦达到一定的水平，当他面对未知现象和待解决的问题时，便能够合理地进行探究。

4. 美感性原则

充分发挥古诗文的美育功能，借助古诗词的教学对小学生进行审美教育，这是很多语文教师在教学实践中所积累的宝贵经验。古诗文教学中的"美育"，有别于美术教育中的"美育"，它是一种集多种"美"于一体的审美教育。在古诗词的课堂中，无论是教师的讲解还是资料的补充都是为了把古诗词的美感凸显出来。

5. 递进性原则

一般来说，学习应该代表从简单到复杂，从低到高的发展趋势。在课堂中，经常有必要根据学生的需要利用新媒体创建许多情境，这些情境在不同的时间以不同的方式呈现。事实表明，在充满挑战的情况下，学生的好奇心会增加。例如在古诗词课堂中，教师可以先讲解其中的字词，根据字词创设情境。如果直接让学生翻译句子或者体会中心思想，效果肯定是不如前者的。

（二）应用方法

1. 利用各种新媒体平台上的优秀内容激发兴趣

可以给学生看吟诵古诗词的节目，节目中的参与者和嘉宾来自各个阶层，他们的故事和表现可以更加引发学生的共鸣。还可以让学生听专门赏析古诗词的电台等，听那些抑扬顿挫的语调，时而慷慨激昂时而喃喃低语；听那一字一句中流露出的动人情感，时而愤慨万千，时而意气风发。在这种浸润下，学生的情绪能够被调动，跟随吟诵着的情绪而高低起伏。视觉和听觉上的双重感染更能让他们体会吟诵古诗词的魅力所在。可以说，我们从不缺乏对诗词之美的向往，缺乏的是一个贴近时代潮流的方式来激发这种兴趣。

2. 利用多媒体信息教学环境并营造学习氛围

毋庸置疑，对于吟诵这一学习方式，许多学生仍对它有误解。因此在开始这一学习时，难免会放不开，吟诵时自然也就无法完全沉浸其中，去体会诗词所描写的意境。但试想一下，如果身边的人都以这种方式来读诗读词，那他还会觉得"放不开"吗？所以营造一个合适的学习吟诵古诗词的氛围至关重要。首先，教师应该起到优秀示范作用，但绝不是让学生跟着老师一字一句地读，最重要的是让学生感受到教师在吟诵古诗词过程中是极其专注和享受的。其次，制作的多媒体课件应当多方面展示吟诵的方式、读法。充分调动学生的气氛，让每个人都能放开手脚，旁若无人地至情至性地自由吟诵，仔细体味。有了浓厚的吟诵古诗词的氛围，课堂教学就容易得多了。

3. 利用互联网平台开展吟诵活动体验式教学

让他们自行选择喜爱的诗词进行吟诵，根据自己对于所选的诗词的理解自定义场景，并选择恰当的配乐。制作成短视频等的方式进行展示。除此之外，利用电台也不失为一个可行的策略。教师为一个班级创建一个以吟诵古诗词为主题的电台，让每个学生轮流当电台主持人进行一期吟诵古诗词活动。首先，在参与的过程中，既可以使学生对古诗词有一个更加深刻的理解，而且为了完成一个完整精美的作品，学生往往也会反复多次练习，那么他们的诗词吟诵水平无疑也会渐入佳境。其次，我认为在布置这样一个体验式作品活动时，不应给学生过多设限，要保留有一定的空间给学生自由地发挥其创意和才能。一千个人眼中有一千个哈姆雷特，古诗词的创作也是如此，诗人写下一首诗或词，都是基于一定的时代背景和人生经历、社会认知上的，而诗人在写诗的当下的心境却无从考证，每个人的理解可能略有不同，其吟诵时的表现也就有所不同。

4. 在互动体验式吟诵中寓教于乐

古诗词之美，在于语言优美，在于形式工整，在于意境高远。体会这种诗词之美，书不尽言，言不尽意。言之不足故有吟诵。吟诵，是人们对汉语诗文的传统诵读方式，作为一种独特且行之有效的鉴赏古诗词作品的教育和学习方法，在我国有着悠久的历史，为历代的文人所普遍采用。最早的吟诵活动自然要数诗歌吟唱。诗歌源于劳动，早在人类未有文字之前就诞生了。毫无疑问，吟诵是古老的中华文明的一份宝贵的文化遗产。将吟诵一首诗的过程变成一个生动的角色扮演游戏过程，有展现时代背景的旁白，有展现周遭人事物的场景，诗人扮演者置身其中，以最适合抒发诗词中所见所闻所感的方式吟诵出所演绎的诗词。并将这种演绎的过程通过新媒体平台记录下来，这种充满趣味性和互动性的教学设计自是可以提高学生的参与度，让学生对于古诗词吟诵更加兴趣盎然。随着弘扬优秀传统文化的倡议被越来越多的人重视并践行，加之互联网与新媒体的发展，给传统文化的传播提供了更多更好的介质，古诗词吟诵逐渐走进大众的视野，并且越来越多的人开始重视吟诵艺术。在古诗词吟诵课堂教学中想要激发学生的兴趣，提升教学质量，必须借助互联网平台和新媒体的力量，多种策略并举，使古诗词吟诵这一传统文化艺术在课堂上焕发新的生命力。

5. 利用新媒体资源改善吟诵教学

目前信息技术整合网络平台教学功能很多，并具备研究性、开放性、交互性、个性化和智能化的特点。运用新媒体的古诗词教学，使小学生在多维刺激下，视听感官信息量增大，大脑中自然传入美的信号，拓展了学生的思维能力和四维空间，延伸学生知识面的积累状况。如：创建美篇、"微信公众号+多媒体"模式，运用信息技术的简洁性、一致性、灵活性、视觉清楚和排列有序，就成为吸引小学生对古诗词感兴趣的主要元素之一。同时，可以在古诗词专题网络学习平台上，利用"专题介绍、学习资源、学习过程、学习交流、学习评价"的教学过程，进行"作者简介、诗词常识、历史文化、思想情感、古诗词的字词与句式、语言表达技巧、古诗词翻译与鉴赏"的模块划分，让小学生对古诗词更加一目了然。不仅如此，还可以根据数字技术信息化进行课堂设计，在情景交融的互动中，展开对小学古诗词的学习。

（1）设置情境，开展新课讲解

首先，运用音乐与图片共同渲染法。教师在讲解《泊船瓜洲》（王安石）时，通过音频播放《思乡曲》的音乐，大屏幕呈现出如此画面：长江水穿过茫茫群山，缓慢地流向远方，绿草如毯般地铺于长江两岸。此处转换画面：夜空中高悬明月，长衫古代男子孑然屹立，遥望明月，充满惆怅之感……圆月绿草、孤独的人物、忧伤的音乐，将学生带引领到王安石营造的思乡情境中，教师在此基础上有序地开展教学。其次，运用动画导入法。在讲授《望庐山瀑布》时，通过大屏幕演示：一轮红日高悬空中，巍巍庐山高耸入云，山上古木参天，好似隐隐传来流水声，走近一看却是一条瀑布悬挂于山前，此水好似来自于天上，水流遇岩石而水花四溅，似雾似烟，声大如雷……当学生被眼前的美景吸引时，教师立刻解读课题，自然而言。

（2）运用视频资源，分析诗人生平资料与历史背景

首先，分析诗人生平资料。在学习前要全面了解诗人喜好、政治遭遇、生活经历等生平情况，也要了解诗人的语言特点、作品流派与风格等。如：唐朝的诗人李白和杜甫，虽然被并称为"大李杜"，但是二人诗词风格却截然不同，李白语言清新、想象丰富、气势宏发、感情热烈，体现出浪漫主义特点；杜甫的诗词语言沉郁顿挫、格律严谨、情感内敛，体现出现实主义的特点。因此，只有通过阅览诗人的生平资料和生活背景，结合生活经历去分析作品的特点与创作风格，才能对诗人的情感进行深入探索。其次，了解时代背景资料。不同诗人生活的时代背景不同，其生活境遇也不同，古诗词意境和风格与时代历史背景有直接关系，唯有对诗人时代背景有所了解，才能深入地理解作者的感情、思想以及诗词内涵。

（3）通过音频播放，进行古诗词范读

"读"是古诗词教学的重点环节。读意境、读诗意、读韵律、读节奏……通过读理解含义、陶冶情操，进而得到升华。古诗词是历史演变过程中积累沉淀的文学精华。其具有错落有致的仄声、平声，体现出和谐的音律与音乐之美。通过简洁明了、含蓄凝练的语言，为学生提供一个具有丰富内涵的想象空间。在读的过程中，要对诗句的节奏关、韵律关、意境关把控得当。所以古诗教材通常都配发朗读资料，其播放方便，感情充沛，音色纯正，读音标准，在课堂上播放录音资料，其字正腔圆的声音、优美的音乐能吸引学生。然后他们受到感染，进而读出诗词的韵律、节奏。另外朗读资料都是有多年播音经验人士录制的，能够有效增强学生的朗读水平和学习古诗词的兴趣。

（4）结合配乐渲染意境，进行朗诵

音乐与古诗词具有特别紧密的关系，经典古诗词经过人们一代一代的传承成为千古绝唱。使用符合古诗词意境和内容的音乐或配乐朗诵，能够快速引导学生进入意境。诗拥有不同的感情基调和感情色彩，要应用相应的音乐来渲染。如：《凉州词》（王之涣），就要选择笛子，通过其缥缈的声音，刻画出悲凉、广阔、雄浑的大漠景象；《鸟鸣涧》（王维），通过古筝曲彰显出春天夜幕下寂静的山林中，几声鸟鸣声打破寂静，却也为山林更添清幽之感……通过古筝旋律的舒缓变化，激发学生的想象能力，引领学生发散想象思维，将自身植入其中，如临其境、如见其物、如闻其声，这样在阅读诗句时，从诗词情境中自然而然将情感和对诗词的感悟体现出来。一些古诗词尽管刻画相似的内容，却在意境和感情色彩方面有明显的差异。

（5）利用数字课件，深度理解诗意

古诗词语言体现出意境深远、含蓄、凝练的特点，加上诗词是古代文学创作类型，小学生难以全面理解。数字课件具有音像兼备、图文并茂的优势，将诗词转变成有声有色、形象直观的画面，促进学生对诗词意境的理解。如《饮湖上初晴后雨》，诗中写道"水光潋滟晴方好，山色空蒙雨亦奇"，学生无法全面理解诗句含义，教师可以在屏幕上播放视频：在悠扬的江南丝竹声中，阳光下的西湖，碧波粼粼。如此美景中一场淅淅沥沥的小雨，以及烟雾朦胧众多一切，让人有恍若仙境的感觉。生动的画面、优美的音乐，让学生好像身临其境地来到西湖之边，和诗人共同观看此美景，这时候进行配乐朗诵会更加入情入境。

三、古诗词吟诵教学之新媒体应用策略

（一）强化新媒体教学意识

1. 把握使用新媒体教学的"度"

信息技术本身并不是万能的灵丹妙药，语文教学并不会因为有了信息技术就自动变得更快、更好、更容易、更高效。新媒体教学，是新的教学方式和教学手段，能够增进学生对知识的理解，调动学生学习的积极性和主动性，有其独特性和优势。但是，新媒体在教学过程中只是一种辅助教学的工具，起着辅

导性的作用，不是课堂教学的主要形式与主要方法，使用新媒体教学一定要注意"度"。对于学生来说，教师对学生使用新媒体需要加以引导，提高他们的鉴别能力，帮助学生有效地选择新媒体内容促进其学习的进步。

2. 关注"技术"更要关注"学生"

"素质教育强调对学生能力的培养，强调教学过程中学生的主体地位。"技术是教学手段，学生是学习的主体，教学过程中要发挥学生的主体地位，不能重技术轻学生。制作课件时不可盲目地将知识照搬到课件上，不可过分追求画面的精彩生动、色彩的鲜艳明亮等细枝末节上，不可以用多媒体屏幕代替板书，不可以用事先准备好的参考答案作为学生的标准答案，这样子会限制学生的思维，扼制学生的创造性。学生是教学的主体，教师在关注技术的同时，更要关注学生。对于课件要精心设计，考虑语文学科的特点，用素材时考虑学生的心理和思想发展的需要。教学过程以学生为主体切实考虑，突出重难点，把握好教学时间，要设计不同形式的教学方式，让学生积极有效地学习，同时要注意与学生之间的双向互动。

3. "经验"和"新的教学理念"双重并行

先进的教学理念，是提升教学水平的前提和条件。随着现代教育技术的不断发展，教师的教学理念也应该不断更新，否则就是穿新鞋，走老路。在发展经验的同时也应更新教育理念，使用恰当的方式进行教学。新教师教学经验不足，但是学习能力强，接触新的教学理念机会多，更新教学理念的速度快。经验丰富的老教师，有着丰富的经验，但是由于接触新事物的机会较少，思维固化，教学理念更新速度较慢。"经验"和"新的教学理念"都很重要，切不可只注重经验的成长，忽略"新的教学理念"的更新。也不可不注重经验的发展，只更新"新的教学理念"。新教师可以与老教师互相配合，取长补短，共同发展。

4. 加强交流合作，提升"教研"意识

由于不同教师的知识结构、智力水平、思维方式、认知风格等都具有差异性，所以不同教师在教学同一课，在处理教学内容、选择教学方法、教学整体设计等方面也是具有差异性的。这是宝贵的教学资源，要加强教师之间的合作与交流。新教师教学经验不足，对课程体系的重难点与知识点以及教学方法的

掌握上有一定偏差。但是由于年龄和知识结构的优势，新教师学习新知识的能力较强，对于利用图片、音频、视频、动画等新媒体教育技术的掌握比较有优势。老教师教学经验丰富，课程结构把握准确，但是思维固化，对新媒体教学技术的学习能力比较弱，对课件制作比较不擅长。可以加强新老教师的交流与合作，老教师利用其丰富的教学经验编写课件所需的文字脚本，新教师利用新媒体技术将文字脚本制作成课件，这样分工协作，取长补短，达到双赢的效果。

（二）丰富新媒体教学的理论和实践

1. 提高教师新媒体教学理论知识水平

《义务教育语文课程标准（2011年版）》中教学建议要求教师应确立适应社会发展和学生需求的语文教育观念，注重吸收新知识，不断提高自身的综合素养。教师要树立终生学习意识，学无止境。随着现代教育技术的发展，为了适应社会和自身发展的需要，教师要与时俱进，提高自身不断学习新知识的能力，积极补充学习关于新媒体教学理论的知识，成为创新型、研究型教师。

2. 提高教师新媒体教学能力

学校应该重视加强对教师现代教育技术应用的培训，包括多媒体教学设备使用方法的培训、教学软件资源开发的培训和教师教学设计能力的培训。关于多媒体教学设备使用方法的培训，可以根据实际情况，开展培训设备的维护与保养，简单设备故障的处理等。目前较少教师能够独立处理教学课堂上出现的设备故障，常常导致教学活动没有办法正常进行。关于教学软件资源开发的培训，可以开设多媒体课件设计与制作技能的培训。目前教师使用的软件资源单一，绝大部分教师仅通过Powerpoint和Word来制作多媒体课件，对于其他制作多媒体课件的软件（Flash、Photoshop、Dreamweave、Authorwarc、3D Max）知之甚少，几乎不使用。开展教学设计能力的培训是非常有必要的，经验丰富的老教师，由于比较少接触新媒体，对新媒体比较陌生。而新教师有着一定的新媒体教学设计能力的基础，但是教学经验不足，对于课程内容重难点、教学方法的掌握比较薄弱。学校开展对教师现代教育技术应用的培训，维护教学设备，保证教学工作正常运行，提高教师资源开发能力，促进教师教学设计能力，提高教学质量等是非常有必要的。

　　教师在制作多媒体课件时必须坚持的六大原则。一是科学性和准确性原则，课件表述的内容和引用的资料要准确无误、恰当合理。课件内容不必面面俱到，要根据教学重难点有所取舍。二是趣味性和实效性原则，课件要调动学生的学习兴趣，提高学习效果。三是教育性和直观性原则，课件的制作要直观、形象，利于学生理解知识。四是技术性和新颖性原则，课件要方便操作，多媒体画面要清晰。五是艺术性原则，指画面艺术简洁，设计合理。六是交互性原则，指发挥多媒体教学的功能和学生的主体作用，调动学生的学习兴趣，牢固掌握知识。教师在制作多媒体课件时应注意七大问题：一是在制作多媒体课件前，应注意素材的选取，素材选取量应适度。二是制作的课件，教学信息应醒目，重点要突出。三是制作课件时要注意图文合理搭配，外观协调一致。四是动画、图表、图形（像）、声音的利用应注意合理性。五是课件制作应具有为教学内容服务的超级链接。六是多媒体课件中，运用技术必须与学科特点一致，适合学生的认知水平。七是知识信息应生动、直观、准确，增强教学的有效性和可靠性。

　　多媒体课件制作比赛的要求如下：（1）作品具有实用性、稳定性和兼容性。（2）教学定位明确。教学目标与学习对象明确，能解决教学中的重点、难点问题；能结合实际深入浅出地分析问题，具有较强的实用性。（3）组织结构清晰。符合教学内容内在逻辑体系，体现认知规律。（4）作品具有一定的技术性。针对教学内容恰当选择和使用图像、音频、视频、动画等各种媒体表现形式。（5）作品具有创新性。（6）作品美观大方、布局合理。界面整体风格统一，符合学科与年级特点，色彩协调，布局合理，层次清晰，简洁美观，可控性、交互性强，界面直观、友好。（7）作品符合科学性和规范性。内容准确，无科学性错误；语言、文字和符号规范。（8）不抄袭、剽窃。开展多媒体教学基本功竞赛是提高教师新媒体教学设计的有效途径，为教师提供舞台展现自己的教学能力和水平，有效地促进教师积极学习新媒体教学技术。评审团对于参赛者的点评指导，可以使教师认识到自己存在的优势和不足，从而能够有效地促进教师新媒体教学能力的发展。

　　诗词吟诵教学资源库是按照一定的教育理论、学科特点把教学资源科学地、合理地、有序地排列到网络软件的板块里。它集中了大量的优秀教学资源，为教师组织和使用教学材料与学生自主学习提供服务。学校可以发挥学校网络管理中心的作用，充分利用校园网的优势，建立多媒体教学资源共享。不同教师制作的课件都有其各自的闪光点，进行资源共享，这样教师可以取长补短，学习其优秀的点，也可以改正自己的不足。学校也可以组织教师，对已有的教学资源进行二次开发。这样精益求精，不断进步，新媒体教学设计能力会不断进步的。

　　授课速度应该做到张弛有度，有缓有急。在授课的过程中，将新媒体诗词吟诵教学模式与传统教学模式进行有机结合。如：在课件上演示教学的重难点的同时，对于学生反馈的普遍性问题采用传统讲授法进行集中解答。在课件演示的过程中，要注意预留时间让学生思考或做笔记，促进学生对知识的吸收和消化。教师要注意留心学生的反馈，适当调整教学进度和教学方法。教师要注意激发学生的学习兴趣，让师生之间形成积极的双向互动，从而提高教学效率。课堂时间有限，为避免学生注意力分散，课件内容不需要面面俱到，对教学内容要有选择性地压缩，减少冗余信息，突出重难点。对于比较简单、非重点的教学内容在课堂上点到即可或留给学生课后自学。发挥教师的主导作用。课堂教学是教师传递信息和学生反馈信息的双向活动，课堂教学的基本结构是教师的主导与学生的主体地位。"在传统教学中，教师是知识的传播者和管理者，而在多媒体课堂上，教师逐渐转变成组织者、激励者、助动者、征询者、诊断者、指导者等等。"多媒体课件是教师开展教学活动时的一个得力的教学助手。课堂上教师启发诱导学生、与学生情感交流和对话，是任何其他媒体都不能取代的。著名教育心理学家海利认为"教师在课堂中的作用决不能由信息技术来代替，因为教育不能等同于设定固定程序的科学技术，而是综合了许多学科的，需要相当创造性的艺术行为"。因此，教师使用新媒体教学时，要发挥教师的主导地位，不能被新媒体牵着鼻子走。

　　《义务教育语文课程标准（2011年版）》中教学建议要求；"语文教学要注重语言的积累、感悟和运用，注重基本技能训练，让学生打好扎实的语文基础。"教学与教师个人的学术水平、表达能力、讲课艺术等因素有着密切的联系。使用新媒体进行诗词吟诵教学时，教师的教学思维不能被代替，不能把课件里面的内容照本宣科地念出来，新媒体只是辅助教师教学的一种手段，教师还需要运用自己的语言、肢体、神态等帮助学生完成知识的理解。因此，使用新媒体教学，需要教师拥有扎实的传统教学的基本功底。只有将新媒体教学与传统教学有机地结合，才能够上好课。汀溪中学的语文教师在学校的组织下随机抽取课文进行教学设计、粉笔字书写、朗读等教学基本功比赛。教师在赛前会经历一段艰苦的磨炼期，对于比较薄弱的点，会请教优秀教师，然后不断地练习直至满意为止，这样在比赛时才能呈现出最佳的状态。教师也会积极研究出创新点，让自己在比赛时能够一鸣惊人。教学基本功比赛的开展非常有必要，可以让教师得到锻炼，教学能力得以提升，可以让优秀教师的教学经验得以传承。

美国心理学家加涅认为："学习的重要条件是反馈，如果要完成学习的每一个动作，就需要反馈。"学生的作业、试卷、行为、表情、语言乃至课堂气氛均可反馈给教师作为检测调控教学过程的依据。教师对学习活动的要求和评定亦可反馈给学生作为检测和调控自己学习行为的依据。相较于传统教学，虽然新媒体诗词吟诵教学的手段发生了改变，但学生身心发展的特点和教学规律不会随着教学手段的改变而改变。教学活动的主体是学生，教师使用多媒体教学时，不能照本宣科念课件的内容，要根据课文内容，通过肢体、语言、神态等完成教学内容，帮助学生理解知识。课堂教学过程，也是师生互动交流的过程，教师不能独自一人唱独角戏，要密切关注学生，重视学生的反馈。老师重视学生的反馈，通过倾听和有效提问来完成课堂教学。有意识、有目的地去观察、倾听，及时捕捉课堂中的信息，运用语言点评学生读音的错误、读诗的韵味，指导学生的朗读。教学中出现知识点"见"的读音，老师通过提问，化解教学中的重难点，检验学生掌握、理解和运用的能力。我们可以从学生的回答、举动判断这节课的内容是比较生动形象的，学生掌握的知识是比较透彻的。

诗词吟诵教学资源包括课堂教学资源和课外教学资源，课外资源包括电影、电视、广播、网络等，语文教师应高度重视课程资源的开发和利用。现代社会，网络发展迅速，初中古诗词教学不再局限于课堂，而是全时性、多角度的教学。教师可以利用网络创建网站，把课件以及收集的相关知识放到网上，这样便于学生加强课后复习也可以拓宽学生的知识面。教师也可以利用（QQ、微信）建立学习交流群，学生不理解的知识点可以在线和其他学习者或教师进行交流讨论。厦门市乐安中学的叶飘飘老师说道："我们班级分别创建了班级QQ群和班级微信群。老师平时会在QQ群里上传学习资源，学生有不懂的知识点可以直接点击QQ文件进行学习。QQ有一个可以上传作业的功能，有时候会让学生将作业上传到QQ，进行线上批改。微信群主要是分享一些优秀公众号文章，让学生可以深入学习。微信有一个叫班级小管家的小程序，这个小程序可以打卡、背诵、视频，对于语文学习非常有用。"新媒体技术的发展影响着当前初中古诗词的教学，教师要与时俱进，及时更新教学理念，除了在课堂上对学生进行系统性、理论性的教学外，还可以充分利用便捷的新媒体技术，让学生在课余时间也能学习。

第三节 古诗词吟诵之艺术再创造

吟诵这种形式本身就是一种艺术，是一种美的享受。古诗词的语言形式是诗人为表达所情所感的内容而服务的，它自有其相对的独立性。有时在不解其意时，以疾徐有致、抑扬顿挫的语调吟诵出来，闻者仍会被语调里的情绪所牵引，这便充分说明了吟诵这种表现形式有独特的打动人的地方，它本身就具有独立的美学价值。然而对现代人来说，基于古诗词吟诵，进行音乐或者审美角度的艺术再创造，可以赋予其新的生命力，从而让古诗词在新的历史时期发挥更重要的育人价值。

一、古诗词吟诵之音乐再创造

（一）古诗词艺术歌曲的审美特征

1. 意境与韵味并存

古典诗词的创作背景通常与个人发展经历有关，包括赴京赶考、被贬官职、郁郁不得志等个人经历；或是观赏美景有感而发，并将创作古诗词当作情感宣泄，从而排遣心中的苦闷与情感。谱曲则根据古典诗词整体意境选择伴奏；如作者排遣心中苦楚意境的古典诗词，通常选择声音低沉与大跳度的低音伴奏，给人身临其境的情感体验，从而形成古典诗词艺术歌曲的特定氛围，并调动听者的心情与情绪。

2. 蕴含纯朴民情

古典诗词艺术歌曲属于中西文化结合的产物，与传统民歌、曲艺作品存在较大差异。古典韵味更加独特，究其原因，与根植于本土民族文化、迎合大众审美需求等因素有关，并在诗、词、曲中都蕴含浓厚民族情感。我国诗词文化发展历史悠久，运用名人佳作，使得艺术歌曲高洁和清雅的特性更突出。

（二）古典诗词艺术歌曲的演唱

1. 诗境入心

诗境入心对古诗词与音乐的感知，实现音乐情绪与诗意感悟和演唱心理氛围的融会贯通，灵活处理曲谱与诗词间的关系，要求演唱者应当做到以下几点：

首先是对词作精确解读。古典诗词创作受生活状态与文化习俗、时代特征等因素影响，并由于古代社会背景与现代有着明显差异，因此需要丰富知识结构体系，不断提高自身想象力与认知能力，实现与诗词创作情感的共鸣，从而透彻感悟演唱内容。激活审美意识与沉淀精神文化是演唱审美活动的重要前提。音乐演唱注重内涵与情感的表达，并受意向性与情节性等审美能力影响。因而对古典诗词艺术歌曲的演唱，要更注重情感表现。如《念奴娇·赤壁怀古（苏东坡）》，是苏轼被贬至黄州，游离黄州赤壁时所作，向世人呈现了一幅"乱石穿空，惊涛拍岸"的壮丽山水画，产生了"千古风流人物"的男子汉气概，给人以"早生华发"的荡气回肠梦境。诗词体现出作者认为人生不应该浪费在过往蹉跎上，应当尽情享受当下的美景与美好生活。诗词体现了苏轼的文人胸襟，阐述了其有我与忘我结合、隐居与仕途结合的一生。艺术歌曲《念奴娇·赤壁怀古》是宋祖英在研究生期间创作的，配乐恢宏，给人犹如俯瞰大好山河和抒发壮志的听觉体验。该诗词艺术歌曲由印青作曲，采用五声#C宫调式的调性。第一部分的首句"大江东去"与"大国周郎赤壁"，交代了地点背景，用琵琶单音伴奏，宛如刚打开的画卷，不能用重力去演唱；第二句到"一时多少豪杰"，融入了感叹赞扬语气，加入弦乐，对环境描写部分的语句演唱应当端正肃立，"啊"字缓和了紧张气氛，演唱应当流畅且语气轻松，实现合理过渡。第二部分到"樯橹灰飞烟灭"烘托了愉快轻巧的氛围，用琵琶轮指连接，"小乔出嫁了"愉快气息迎面而来，语气更加钦佩。第三部分到"一尊还酹江月"是歌曲高潮部分，利用弦乐与语气加深，将诗词重复并将其推向最高潮，主要利用管弦乐音响效果助推。"故国神游"带有自审语气，"一尊还酹江月"演唱应当注意渐变，演唱态度应当积极，确保器官与情感协调，发音咬字应当准确，确保歌曲感染力。

其次是体验音乐化的情绪脉络。情感在作品中起着支撑作用，有着独特的发展脉络与规律，演唱者应当掌握脉络。酝酿情绪时应当以音乐化思维调整情绪状态，实现音乐与诗词赋予的情绪整合，作为演唱情感处理的设计依据。缺乏对音乐情绪脉络的梳理，即兴跟着情绪走，会降低演唱的厚重感与感染力。重塑音乐形象尤为关键，音乐艺术的表现主要通过声音与作品间的象征与模仿等关系实现的，演唱者越明确表达声音与作品间的关系，听众获取的意境与情感就会更加鲜明。演唱者需要充分掌握音乐元素中的形象与画面，实现音乐与语言表象具化，激活艺术歌曲中的情境与人物，传递出作品中蕴含的"可歌可叹"境界。演唱前应当注重自身直觉与想象能力的培养，充分利用音乐与诗词中的审美介质，重构艺术歌曲情境，确保作品演唱生动形象。

最后是灵活转变演唱技巧与风格。不同艺术歌曲的演唱技法也存在差异，如民族演唱技法要求体现出委婉含蓄的民族化特征，美声演唱需要体现出浑厚有力的特征。唯有灵活把握演唱技巧与风格，才能实现艺术再创作中的音乐要素的协调，这也反映了演唱者的基本功与创造力等综合素养。

2. 声情并茂

艺术歌曲演唱实际上是将音乐中感悟到的美，通过声音再现给听众，情境传达成为问题关键。演唱是对歌曲的再创造，不仅要贯彻创造性与忠实性等原则，还需实现表现与技巧、理性表现与情境感性的统一。

首先应当全身心地投入到情境中。角色转换不仅是直觉体现，更是全身心投入的感知，从而帮助找到演唱感觉，促使艺术表现力的发挥；并在其基础上实现以情驭声，从而根据情感需要处理声音，确保声情并茂。如艺术歌曲《水调歌头·明月几时有》的演唱，蕴含丰富的京剧艺术元素，演唱时应当注重良好气息支持，高位置挂住后要注意咬文嚼字归韵问题，不能过早收韵，避免出现字词歧义等问题。上阕用十六分与三十二分音符以及中速创作，抑扬顿挫，起伏感明显，演唱要求声音统一。下阕用近似京剧的倚音与波音等润腔技法演唱，用快慢过渡的颤音表现，注意气息流动性，上波音与下倚音准确拿捏，从而突显十足的京味。尤其是在吟诵部分，应当全身心投入到歌曲中，高位置以情带声送出诗句。高潮部分应当加速演唱并充满激情，演唱力度应在即将推向定点后落回缓冲，最终将歌曲推向高潮，与层层递进的唱法不同。尤其是

"悲"与"圆"字处的演唱，应当注意波音气息支点保持，以切实传递出作者雅致与大气婉约的情怀。

其次做到表现从容有度。古诗词的时空跳跃度大，情景转变密集，旋律与节奏等变化较大，应当从容有度，做到自如流畅。延长前应当做好诗词解读与情绪梳理等准备，灵活转变音乐技巧，在演唱中才能得心应手。古典诗词艺术歌曲的寓意与调式等特征需要深入研究，歌曲细腻丰富且灵巧变化，需要演唱者认真对待，规范运用模进手法等捕捉情感迸发的演唱感觉，随着内心体验与旋律舒缓释放积攒的情绪，巧妙传递古诗词创作者内心矛盾感受，确保歌曲演唱的细致入微。如艺术歌曲《渔家傲》的演唱，第一句的第一小节节奏多变，多次出现延长符号，演唱者应当吸足气，有雄心壮志的气势，充分演唱延长符号。演唱中融合美声唱法，确保声音听起来更加大气，尤其是"云"与"涛"字要求声音明亮结实。"千"与"帆"字可适当加小滑音，表现出迂回旋律，创作出诗句情境动态性。唯有综合细腻与顿挫，才能将波澜壮阔的航海场面充分呈现。

最后曲目中蕴含的浓淡韵味要细心体会。古诗词的表达方式与修辞手法多样化，尤其是双关语等应当加强注意，演唱者不仅要按谱准确演唱，还需做好曲外功夫。从节拍上入手分析歌词坚定的情感色彩；从伴奏声部上入手，模仿深情悠远的声音；从旋律上入手，体现出音区转移的厚重感等风格特征；从变化音与装饰音等方面入手，在突出艺术歌曲韵味的同时，将浓厚与地道的古意等精髓充分挖掘释放。

3. 诗词审美规律与音乐规律的统一

"味"是艺术歌曲文化特质与艺术效果高层次追求，是对意境与情感等因素的和谐处理，演唱者应当注意以下几点：

首先对歌曲的情感与意境多关注。这是再创造的基础，更是检验作品的重要指标。演唱者应当注重自身音乐与诗词双重素养水平的提升，找准诗词与音乐的融合点，深入挖掘作品内涵，才能显示出作品的精华部分。任何古典诗词歌曲演唱，如果脱离诗词内涵与传统，最终会停滞不前。

其次从歌曲精神特征方面入手分析。每个演唱者都有着更深层的只可意会的感觉，这也是形与神差异的最终体现。但在诗词与音乐中的审美感知是共通的，诗化意向与音乐化的言外之意，都在两者中共通。唯有充分把握民族审美要求，加强审美经验与文化等方面的积累，才能透彻把握形与神之间的关系，最终做到古典诗词歌曲演唱的融会贯通与心领神会，也会迸发出更多创新灵感。

最后任何创作都是在继承与创新基础上展开的，古诗词艺术歌曲发展空间的拓展也是同样的。保持传统文化与现代音乐等要素创新是必不可少的。声和韵美是传统美学与艺术实践结合的立足点，声和还体现在声律与格调的中和典雅之美中；而韵美不仅包含了诗乐自身的韵味，还体现在通俗性与历史感等方面的统一上，最终实现和谐发展。创造出富有本民族高品位的古诗词艺术歌曲，对艺术工作者来说是一种素质与能力的考验。

古典古诗词艺术歌曲根植于我国传统音乐，是融合中西方文化的产物，但民族风味更加浓厚。演唱古典诗词艺术歌曲对我国传统文化传承发展有着现实意义。影响艺术歌曲演唱效果的关键是要分析音乐语言与注重情境想象、角色转换、把握歌曲情趣，从而实现歌曲意蕴与情韵、声韵、词韵的有机结合。

二、古诗词吟诵之审美再创造

（一）入乎其内——把握诗词语言，感知审美意象

刘勰说："夫缀文者情动而辞发，观文者披文以入情，沿波讨源，虽幽必显。"意为作家创作，总是由内而外，即先由客观现实的感发而产生内在情态，这种情态通过辞章表达出来，阅读文章的人通过文辞来了解作者所要表达的感情，沿着文辞找到文章的源头，即使是深幽的意思也会显现，被人所理解。这句话道出了创作者如何形成文章，读者如何阅读理解的一个过程。从美学意义上讲，吟诵也是一种文学鉴赏方式，吟诵诗词就是用吟诵这种特殊的审美方式进行诗词鉴赏活动，以读悟美，以读传美。说具体一点，吟诵就是吟诵者（审美主体）从诗词作品（审美客体）中接收信息，并通过体验、想象、思考，调动自己的信息存储，予以再创造，从而获得美感享受的一个审美活动过程。诗词是意象艺术，诗词中的意象是诗人主观思想与审美情感的"意"和作为审美客体的景象、事物和场景的"象"的和谐统一，它们以物化的形式被诗人用文字语言表现出来。文字语言是一种符号，不具有实体性，不能让鉴赏者

直接看到具体形象，而审美活动是以对审美对象的感知为基础的，只有通过感知，审美主体把握了对象的各种感性状貌，才有可能获得审美享受。因此，吟诵者要展开体验、想象、思考，通过文字语言去感知作品意象，想象诗歌意境，也就是凭借文字符号提供的信息，在头脑中形成一个虚幻的艺术时空。从脑科学和神经心理学角度讲，文字符号首先刺激大脑的语言区，引起兴奋，然后打开横向神经通路，使兴奋曲线向视觉区、听觉区伸展，这样文字符号便能与相关的形象联系起来，在大脑中浮现相应的意象和画面。

比如，吟诵杜甫的《登高》这首诗之前，吟诵者必须把握诗人写作这首诗的时代背景和诗人当时的处境，想象诗中描写的夔州秋景。杜甫在这首诗中用他的如椽之笔，生动地描绘了夔州秋景的形、声、色、态，"风急""猿啸""落木萧萧"是听觉形象，"天高""渚清""沙白""鸟飞""长江滚滚"是视觉形象，在准备吟诵的过程中，要透过这些字句，展开丰富的联想，使无形象性的文字符号与有关的表象联系起来，在大脑中建构一个艺术空间，呈现一个多彩画面。又如李清照的《声声慢》，第一句中的"寻寻觅觅"是写诗人的动作，"冷冷清清"是"寻寻觅觅"的结果，写出环境和气氛，"凄凄惨惨戚戚"是由"冷冷清清"引发的感受和情绪。这七组叠词连用，极富音乐美，渲染出愁惨而凄厉的氛围，使人不禁为之屏息凝神。吟诵前，应体会这些词句的含义，结合生活体验，发挥想象，感受诗人作词时的悲苦心境。总之，入乎其内就是要加深对文字的审美把握，对作品进行审美观照，用自己的理解和感受去充实、丰富作品语言，为这些文字形之于声准备好恰切、扎实的依据。

（二）出乎其外——完成再造想象，形成语言链条

一方面，吟诵者要由文字语言所包含的形象中，看到、听到、嗅到、尝到、触到文字符号所代表的种种客观事物，了解时间发展、空间移动和事物运动，由此完成记忆联想和再造想象；另一方面，吟诵者还要沿着作品本身的结构亦步亦趋，形成有机的语言链条，将作品的文路化为自己的思路，并落实为言路；同时，吟诵者还要考虑如何把自己的审美感受用符合吟诵规则的语音技巧去呈现出来，并配合气息和肢体动作的变化，使吟诵更有感染力，让听者产生共鸣。在打开横向神经通路，掌握了审美对象的感性状貌之后，就要打开纵向神经通路，使兴奋曲线从感知表象层向情感情绪、观念概念层扩展。吟诵是一种"有意为之"的行为，不是"信手拈来"，也不是"偶然取之"。有意为之，是一种目的性，是吟诵者根据诗词背景具体引发出来的吟诵愿望。有意为之的目的性越清晰、具体，吟诵过程就越顺畅，吟诵效果就越明显。

如吟诵杜牧的"清明时节雨纷纷，路上行人欲断魂。借问酒家何处有，牧童遥指杏花村"时，脑海中会浮现一幅清明时节细雨纷纷的画面。"行人"在汉诗的意象系统中，为宦游旅人之意，这里指的是诗人自己，他出外做官不能回乡扫墓，所以要断魂了。他急切地向路上偶遇的一个牧童打听哪里能找到酒家喝口酒避避寒，同时借酒消愁，可是牧童遥指他村，表示本村没有酒家。"牧童"是无忧无虑的意象，与忧愁的游子正好形成对比。这首诗四句结构起承转合，诗人最后连口酒都喝不上，真是忧愁到了极点。整首诗意象鲜明清晰，意境浑然统一，吟诵前，应把握好意象特征，构建诗歌画面，想象诗人与牧童之间对话时的情态、语气和氛围，感受不同处境、不同心境的人物的心理特点，从而领悟诗歌意蕴，体会诗歌情感，这样吟诵起来会非常顺畅，吟诵效果也会更好。吟诵还是一种理清思路、调整心路、化为言路的过程。吟诵者走进作品，沿着作品的结构思索，深入实质，理性分析，抓住真谛，将诗人的心路化为自己的思路，然后变为言路，成为自己倾诉表达出来的有声语言。比如吟诵李白的《赠汪伦》时，可以顺着诗歌的结构顺序想象一下李白在桃花潭水边即将乘舟远行的动作，忽闻岸上传来踏歌声后惊喜万分的表情，深湛的桃花潭水触动了离人的情怀，难以忘却汪伦的深情厚意，此刻只有将水深情深联系起来，才能表达对朋友的感谢。把握了这首诗歌的结构线索和精神实质后，再结合自己的生活体验，就很容易与诗人产生精神共鸣，化诗人的心路为自己的思路，然后再通过有声语言将这首诗歌的真挚情感传达出来。所以，吟诵是吟诵者对于诗词作品思想感悟的一种外化，只有通过对作品进行审美观照，积极探索了诗词的美学意义之后，才能再考虑语音技巧方面的问题，把自己涵泳玩味所领会的意蕴用有声语言传达出来，使听者通过聆听吟诵来感知诗词含义，获得审美体验。

（三）遵循规则——善用语音技巧，传递作品情感

在吟诵过程中，吟诵者还需使用一些符合吟诵规则的语音技巧去呈现作品，以便更好地表达诗词意蕴。吟诵规则是古人从汉语的特点出发，自然而然

形成的一种创作和欣赏方法，其中很多都是约定俗成的，当然在历史中也有变化，我们这里所说的，是在传统吟诵规则的基础上用普通话吟诵时要注意的几个基本规则。第一，平长仄短。即吟诵近体诗和词时，偶位的平声字和押韵的字要拖长音，其余的字不拖长音。比如，"秦时——明月汉时——关——，万里长征——人未还——。但使龙城——飞将在，不教——胡马度阴——山——。"其中偶位字的平声字和押韵的字拖长音，可以表达出荡气回肠的感觉。第二，平低仄高。即吟诵时偶位平声字低读，偶位仄声字高读，奇位字高低向偶位字靠拢。吟诵时声音的高低变化往往对诗词含义产生影响。比如，"人有悲欢离合，月有阴晴圆缺，此事古难全"中，"合"和"缺"都是偶位入声字，入声属于仄声，作者用这两个入声字来收尾，是想表达对人生无常最强烈的感慨，所以应把这两个仄声字读得短促而高昂一些，才能表现出作者激烈的情绪。第三，依字行腔。即按照字音的声调来决定旋律曲调，不能"倒字"。所谓"倒字"，就是听起来这个字的声调与它本来的声调不一致，以致吟唱时的字音难辨，令听众产生误解。比如把"玉壶"唱成"渔户"，"家常饼"唱成"家常病"等等。古人称谓文学创作都有其习惯用语，如诗谓之"作"，文章谓之"写"，唯词谓之"填"，因为词有词格，不同的词牌有不同的格律。词有曲调，可以吟唱，只有严格按照格律，填出字数、平仄、音韵相合的词，吟唱时才不会倒字。吟诵时，应遵循词的平仄格律，做到不倒字。第四，文读语音。文读是吟诵的传统，就是某些字要按照古音来读。比如入声字要读短音；韵字要押韵，尽管某些诗句句尾的字因为古今语音的变化已经不押韵了，但在吟诵时，还是要参照古音使之押韵；个别字要按照传统来文读，比如"秋思"的"思"读四声，"遥看瀑布"的"看"读一声等，这些读音往往与平仄格律有关，读错了会乱了格律，失了韵味，所以要文读。掌握吟诵的基本规则之后，就要注意语音的技巧了，音高、音长、音强、音色等语音要素要发挥作用，为吟诵助力。音高、音长和音色会影响吟诵时的基调和节奏，比如"两个黄鹂鸣翠柳，一行白鹭上青天"基调是清新的；"白发三千丈，缘愁似个长"基调是悲慨的；"怒发冲冠，凭栏处，潇潇雨歇"基调是激奋的；"寒蝉凄切，对长亭晚，骤雨初歇"基调是凄切的……节奏是音高、语速和停连的有机组合，不同的节奏可表达不同的思想感情。

　　比如汉乐府《有所思》中"有所思，乃在大海南。何用问遗君，双珠玳瑁簪，用玉绍缭之"这几句，吟诵时语速应慢一点，节奏舒缓一点，平声拖长音，双音一停顿，可以表现出女子精心挑选佩饰品，又不厌其烦地装饰佩饰品，只为了对情人表达相思之意的慎重心理。而接下来"闻君有他心，拉杂摧烧之。摧烧之，当风扬其灰。从今以往，勿复相思，相思与君绝"几句，吟诵时语速应逐渐加快，声音拔高，节奏铿锵，表现出女子骤然听闻情人另寻新欢后心态由惊讶到悲痛到愤怒再到决绝的激烈变化。然后"鸡鸣狗吠，兄嫂当知之。妃呼狶！秋风肃肃晨风飔，东方须臾高知之"几句，语速由快减慢，音高渐弱，节奏缓慢下来，叹声词长音唏嘘，句尾字曼声长吟，表达出女子由激怒渐趋冷静之后，欲断不能的种种矛盾、彷徨又无助的复杂情绪。音强是决定语流中重音的最主要因素。重音有区别意义的作用，如"我相信你做得对"这句话中，重读位置不同，表达的意思就不同。如果问："谁相信你做得对？"重音就是"我"；如果问："我该相信谁做得对？"重音就是"你"；如果问："我相信你什么？"重音必然是"做得对"。吟诵中的重音处理还可以激发和提升听者的审美感受，就像电影的特写镜头一样，有些字词句读重音，能使语言符号变成听者大脑中的画面从而激发其情感共鸣和审美感受。那么，诗词作品中哪些地方需要重读呢？一是表现事物感性状貌的词语，这些词语能描述事物性状，表现听觉、视觉、触觉、嗅觉等形象，把这些词语重读出来，能引起听者的想象，激发他们的美感享受。

　　比如杜甫《登高》中的"急""高""哀""清""白""萧萧""滚滚"等字词，是描写夔州秋景各事物状貌的，吟诵时可以重读，以引起听者对这些事物的联想和感慨。二是表达强烈感情、主要意义和逻辑关系的词语，应用重音凸显出来。比如苏轼《水调歌头·丙辰中秋》中"明月几时有，把酒问青天"一句，将"几时"读成重音，可以突出"明月什么时候才有"之意，表现出苦闷的诗人对宇宙人生的质问和喝过酒之后深深的醉意，"青天"一词也用重音读出来，以凸显上下文的逻辑联系，为后面一句"不知天上宫阙，今夕是何年"做铺垫，为听者接受下文的内容作心理准备。除此之外，吟诵还要注意气息和肢体动作的配合。吟诵者应学会运气发声，用腹式呼吸，以丹田气发声，气度平和，意蕴深广，还能生彬彬君子之风。吟诵时还可以试着摇头摆身，感情到处，体态自然变化。摇摆不是匀速的，而是体现吟诵者对声音的高低、强弱、疾徐、曲直的控制，比如声音大时身体向后微倒，声音小时身体朝前稍倾，体态变化柔和多姿，以摇为主。

诗词吟诵中的审美再创造是吟诵者对于诗词作品的一种深度挖掘和丰富改造。吟诵者必须对作品进行审美观照和感知，吟诵时做到脑中有画面，眼中有形象，心中有情感，才能以情带声，以声传情，在各种符合吟诵规则的语音技巧和气息、肢体动作的配合下，完美呈现诗词作品的思想感情和艺术形象，产生美的感染力和吸引力，让听者获得充分的审美享受。